1 **Zytologie, Zellteilung und Zelltod**

2 **Genetik**

Anhang

Index

Dr. Sebastian Huss
Biologie Band 1
MEDI-LEARN Skriptenreihe

6., komplett überarbeitete Auflage

Für Jennifer

MEDI-LEARN Verlag GbR

Autor: Dr. Sebastian Huss
Fachlicher Beirat: Jens-Peter Reese

Teil 1 des Biologiepaketes, nur im Paket erhältlich
ISBN-13: 978-3-95658-002-4

Herausgeber:
MEDI-LEARN Verlag GbR
Dorfstraße 57, 24107 Ottendorf
Tel. 0431 78025-0, Fax 0431 78025-262
E-Mail redaktion@medi-learn.de
www.medi-learn.de

Verlagsredaktion:
Dr. Marlies Weier, Dipl.-Oek./Medizin (FH) Désirée Weber, Denise Drdacky, Jens Plasger, Sabine Behnsch, Philipp Dahm, Christine Marx, Florian Pyschny, Christian Weier

Layout und Satz:
Fritz Ramcke, Kristina Junghans, Christian Gottschalk

Grafiken:
Dr. Günter Körtner, Irina Kart, Alexander Dospil, Christine Marx

Illustration:
Daniel Lüdeling

Druck:
A.C. Ehlers Medienproduktion GmbH

6. Auflage 2014
© 2014 MEDI-LEARN Verlag GbR, Marburg

Das vorliegende Werk ist in all seinen Teilen urheberrechtlich geschützt. Alle Rechte sind vorbehalten, insbesondere das Recht der Übersetzung, des Vortrags, der Reproduktion, der Vervielfältigung auf fotomechanischen oder anderen Wegen und Speicherung in elektronischen Medien.
Ungeachtet der Sorgfalt, die auf die Erstellung von Texten und Abbildungen verwendet wurde, können weder Verlag noch Autor oder Herausgeber für mögliche Fehler und deren Folgen eine juristische Verantwortung oder irgendeine Haftung übernehmen.

Wichtiger Hinweis für alle Leser
Die Medizin ist als Naturwissenschaft ständigen Veränderungen und Neuerungen unterworfen. Sowohl die Forschung als auch klinische Erfahrungen führen dazu, dass der Wissensstand ständig erweitert wird. Dies gilt insbesondere für medikamentöse Therapie und andere Behandlungen. Alle Dosierungen oder Applikationen in diesem Buch unterliegen diesen Veränderungen.
Obwohl das MEDI-LEARN Team größte Sorgfalt in Bezug auf die Angabe von Dosierungen oder Applikationen hat walten lassen, kann es hierfür keine Gewähr übernehmen. Jeder Leser ist angehalten, durch genaue Lektüre der Beipackzettel oder Rücksprache mit einem Spezialisten zu überprüfen, ob die Dosierung oder die Applikationsdauer oder -menge zutrifft. Jede Dosierung oder Applikation erfolgt auf eigene Gefahr des Benutzers. Sollten Fehler auffallen, bitten wir dringend darum, uns darüber in Kenntnis zu setzen.

Vorwort

Liebe Leserin, lieber Leser,

zu viel Stoff und zu wenig Zeit – diese zwei Faktoren führen stets zu demselben unschönen Ergebnis: Prüfungsstress!

Was soll ich lernen? Wie soll ich lernen? Wie kann ich bis zur Prüfung noch all das verstehen, was ich bisher nicht verstanden habe? Die Antworten auf diese Fragen liegen meist im Dunkeln, die Mission Prüfungsvorbereitung erscheint vielen von vornherein unmöglich. Mit der MEDI-LEARN Skriptenreihe greifen wir dir genau bei diesen Problemen fachlich und lernstrategisch unter die Arme.

Wir helfen dir, die enorme Faktenflut des Prüfungsstoffes zu minimieren und gleichzeitig deine Bestehenschancen zu maximieren. Dazu haben unsere Autoren die bisherigen Examina (vor allem die aktuelleren) sowie mehr als 5000 Prüfungsprotokolle analysiert. Durch den Ausschluss von „exotischen", d. h. nur sehr selten gefragten Themen, und die Identifizierung immer wiederkehrender Inhalte konnte das bestehensrelevante Wissen isoliert werden. Eine didaktisch sinnvolle und nachvollziehbare Präsentation der Prüfungsinhalte sorgt für das notwendige Verständnis.

Grundsätzlich sollte deine Examensvorbereitung systematisch angegangen werden. Hier unsere Empfehlungen für die einzelnen Phasen deines Prüfungscountdowns:

Phase 1: Das Semester vor dem Physikum
Idealerweise solltest du schon jetzt mit der Erarbeitung des Lernstoffs beginnen. So stehen dir für jedes Skript im Durchschnitt drei Tage zur Verfügung. Durch themenweises Kreuzen kannst du das Gelernte fest im Gedächtnis verankern.

Phase 2: Die Zeit zwischen Vorlesungsende und Physikum
Jetzt solltest du täglich ein Skript wiederholen und parallel dazu das entsprechende Fach kreuzen. Unser „30-Tage-Lernplan" hilft dir bei der optimalen Verteilung des Lernpensums auf machbare Portionen. Den Lernplan findest du in Kurzform auf dem Lesezeichen in diesem Skript bzw. du bekommst ihn kostenlos auf unseren Internetseiten oder im Fachbuchhandel.

Phase 3: Die letzten Tage vor der Prüfung
In der heißen Phase der Vorbereitung steht das Kreuzen im Mittelpunkt (jeweils abwechselnd Tag 1 und 2 der aktuellsten Examina). Die Skripte dienen dir jetzt als Nachschlagewerke und – nach dem schriftlichen Prüfungsteil – zur Vorbereitung auf die mündliche Prüfung (siehe „Fürs Mündliche").

Weitere Tipps zur Optimierung deiner persönlichen Prüfungsvorbereitung findest du in dem Band „Lernstrategien, MC-Techniken und Prüfungsrhetorik".

Eine erfolgreiche Prüfungsvorbereitung und viel Glück für das bevorstehende Examen wünscht dir

Dein MEDI-LEARN Team

Inhalt

1	**Allgemeine Zytologie, Zellteilung und Zelltod**	**1**	1.7.1	Zellzyklus	30
			1.7.2	Mitose	33
			1.7.3	Meiose	35
1.1	Aufbau einer menschlichen Zelle – Überblick	1	1.7.4	Stammzellen	39
1.2	Membranen der Zellen	1	1.8	Adaptation von Zellen an Umwelteinflüsse	39
1.2.1	Aufgaben der Zellmembran	2	1.9	Zelltod	39
1.2.2	Aufbau der Membranen	2	1.9.1	Nekrose	39
1.2.3	Zell-Zell-Kontakte	5	1.9.2	Apoptose	40
1.2.4	Zell-Matrix-Kontakte	8			
1.3	Zytoskelett	9			
1.3.1	Komponenten des Zytoskeletts	10	**2**	**Genetik**	**45**
1.3.2	Amöboide Zellbewegung	13			
1.3.3	Zytoskelett der Erythrozyten	14	2.1	Organisation eukaryontischer Gene	45
1.3.4	Zytoskelett der Thrombozyten	15	2.1.1	Übersicht	45
1.4	Zellkern	16	2.1.2	Struktur der DNA	45
1.4.1	Nukleolus	17	2.1.3	Genetischer Code	47
1.5	Zytoplasma	17	2.1.4	Struktur der RNA	47
1.5.1	Caspasen	17	2.1.5	Replikation	48
1.5.2	Proteasom	18	2.1.6	Transkription	49
1.6	Zellorganellen	18	2.1.7	Translation	51
1.6.1	Mitochondrien	18	2.1.8	Posttranslationale Modifikation	51
1.6.2	Ribosomen	20	2.2	Chromosomen	52
1.6.3	Endoplasmatisches Retikulum (ER)	20	2.2.1	Karyogrammanalyse	54
1.6.4	Golgikomplex (Golgi-Apparat)	23	2.2.2	Chromosomenaberrationen	54
1.6.5	Exkurs: Rezeptorvermittelte Endozytose	23	2.2.3	Epigenetik	56
1.6.6	Exkurs: Phagozytose	24			
1.6.7	Lysosomen	24	**Anhang**		**61**
1.6.8	Peroxisomen	25			
1.7	Zellvermehrung und Keimzellbildung	30	IMPP-Bilder		61

1 Allgemeine Zytologie, Zellteilung und Zelltod

Fragen in den letzten 10 Examen: 120

Dieses umfangreiche Kapitel beinhaltet eine ganze Reihe relevanter Punkte für das Physikum. Zunächst wird hier der allgemeine Aufbau der Zelle vorgestellt, anschließend geht es um die Prinzipien der Zellvermehrung und am Ende steht der Zelltod. Also ein Kapitel beinahe wie das richtige Leben …

1.1 Aufbau einer menschlichen Zelle – Überblick

Abb. 1, S. 1 zeigt stark vereinfacht die Bestandteile einer menschlichen Körperzelle. Die einzelnen Strukturen werden in den kommenden Kapiteln näher besprochen.

1.2 Membranen der Zellen

Zellen sind nach außen hin durch eine Zellmembran abgegrenzt. Weitere Membransysteme unterteilen eine Zelle in bestimmte **Kompartimente**. Da alle biologischen Membranen im Prinzip denselben Aufbau haben, nennt man sie auch **Einheitsmembranen**. Bestandteile solcher Einheitsmembranen sind verschiedene Lipide wie Phospholipide, Cholesterin oder Proteine und Zucker.

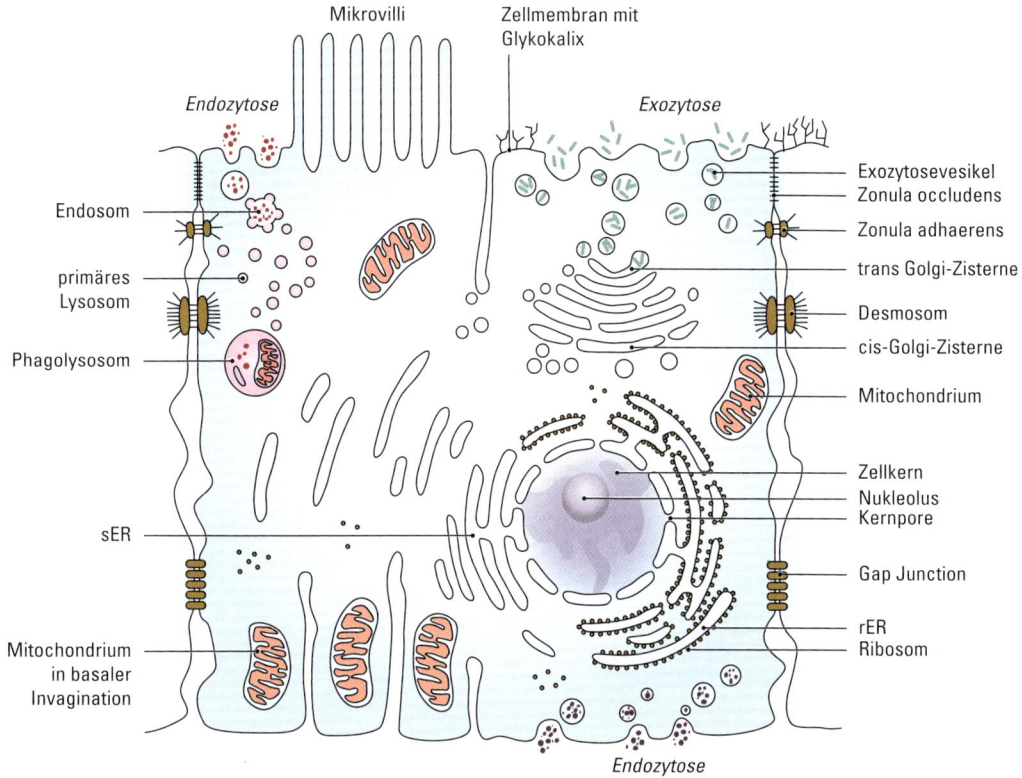

Abb. 1: Menschliche Zelle, Überblick

medi-learn.de/6-bio1-1

1 Allgemeine Zytologie, Zellteilung und Zelltod

1.2.1 Aufgaben der Zellmembran

Zu den Aufgaben und dem Aufbau der (Zell-) Membranen (s. 1.2.1, S. 2 und s. 1.2.2, S. 2) werden zwar relativ wenige Fragen gestellt, die Inhalte sind jedoch wichtig, um die Gesamtzusammenhänge im Bereich der Zytologie besser zu verstehen. Die Zellmembran stellt einen **mechanischen Schutz** gegen Umwelteinflüsse dar. Diese Abgrenzung des Zellinhalts gegen die Umwelt ist auch die Voraussetzung dafür, dass innerhalb der Zelle ein **spezifisches Milieu** aufrechterhalten werden kann. Die Kommunikation mit anderen Zellen und Botenstoffen wird über **Rezeptoren** auf der Zellmembran ermöglicht.

1.2.2 Aufbau der Membranen

Die wichtigsten Grundbausteine der Einheitsmembranen sind die Phospholipide. Das häufigste Phospholipid in Membranen ist das **Lecithin**.

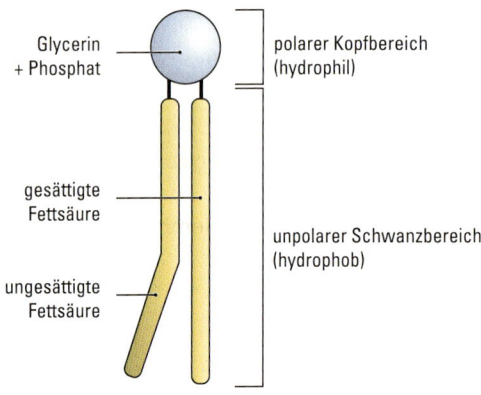

Abb. 2: Phospholipide   *medi-learn.de/6-bio1-2*

Phospholipide zeichnen sich durch einen hydrophilen Kopf und einen lipophilen Schwanz aus. Ein Stoff ist hydrophil (wasserliebend) oder lipophob (fettfeindlich), wenn er polar ist. Ist ein Stoff lipophil (fettliebend) oder hydrophob (wasserfeindlich), dann ist er unpolar und löst sich nur schlecht in Wasser. Eine Substanz, die sowohl polar als auch unpolar ist, bezeichnet man als **amphipathisch** (oder amphiphil).

> **Merke!**
> - hydrophil = lipophob
> - hydrophob = lipophil
> - Phospholipide sind amphipathisch.

Der polare Kopf hat die Möglichkeit, Wasserstoffbrückenbindungen mit ihn umgebenden wässrigen Medien zu bilden, der hydrophobe Schwanzteil wird die Berührung mit Wasser meiden. Somit haben die Phospholipide verschiedene Möglichkeiten, sich im Wasser anzuordnen (s. Abb. 3 a, S. 2 und Abb. 3 b, S. 3).

Der gezeigte **Monolayer** an der Grenzfläche Wasser/Luft zeichnet sich dadurch aus, dass die hydrophilen Bereiche der Phospholipide in Richtung Wasser zeigen. Der Monolayer an der Grenzfläche Öl/Luft orientiert sich genau andersherum: Die hydrophoben = lipophilen Bereiche zeigen in Richtung Öl.

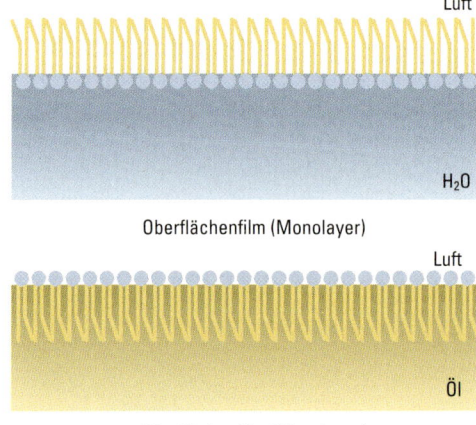

Abb. 3 a: Monolayer   *medi-learn.de/6-bio1-3a*

1.2.2 Aufbau der Membranen

Mizellen hingegen sind kugelförmige Gebilde. Ihre hydrophilen Domänen sind in Richtung Wasser ausgerichtet, die hydrophoben Bereiche nach innen.

Bei der **Doppelmembran** sind die hydrophilen Köpfe nach außen gerichtet und können Wasserstoffbrückenbindungen mit der wässrigen Umgebung eingehen. Die hydrophoben Schwänze sind zueinander gerichtet und durch Van-der-Waals-Kräfte verbunden. Kugelig zusammengeschlossene Doppelmembranen bezeichnet man als **Vesikel** (oder Liposomen).

> **Merke!**
>
> Der Bilayer ist der Grundbauplan aller biologischen Einheitsmembranen.

Die laterale Diffusion verleiht der Membran einen nahezu flüssigen Charakter. Diese **Fluidität** wird durch mehrere Faktoren beeinflusst:

1. Je höher die Umgebungstemperatur ist, um so höher ist auch der Grad der Fluidität. Unterhalb einer bestimmten Übergangstemperatur liegt die Membran in einer visköskristallinen Form vor.
2. Fettsäuren beeinflussen durch ihren **Sättigungsgrad** und durch ihre **Kettenlänge** den Grad der lateralen Diffusion. Lange Ketten bilden mehr Van-der-Waals-Kräfte aus, der Zusammenhalt wird stabiler und die Fluidität sinkt. Ungesättigte Fettsäuren bilden aufgrund der cis-Doppelbindungen „Knicke". Diese „Knicke" bewirken, dass die Ketten nicht mehr eng zusammenliegen. Daher können weniger Van-der-Waals-Kräfte ausgebildet werden und die Fluidität steigt.
3. Cholesterin wirkt bei hohen und niedrigen Temperaturen als **Fluiditätspuffer** und verhindert bei thermischen Belastungen den Zusammenbruch der Membran.

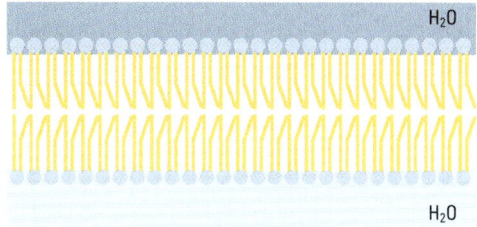

Doppelmembran (Bilayer)

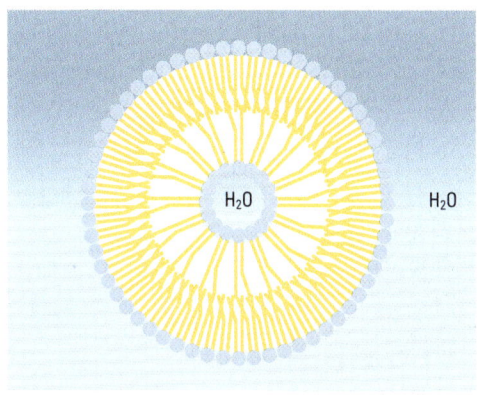

Vesikel / Liposom (Bilayer)

Abb. 3 b: Bilayer *medi-learn.de/6-bio1-3b*

Wichtig ist, dass KEINE kovalenten Atombindungen zwischen den Phospholipiden bestehen, sondern nur schwächere Anziehungskräfte (Van–der–Waals–Kräfte). Dadurch wird verständlich, dass es in der Einheitsmembran eine **laterale Diffusion** gibt (eine seitliche Bewegung der einzelnen Moleküle).

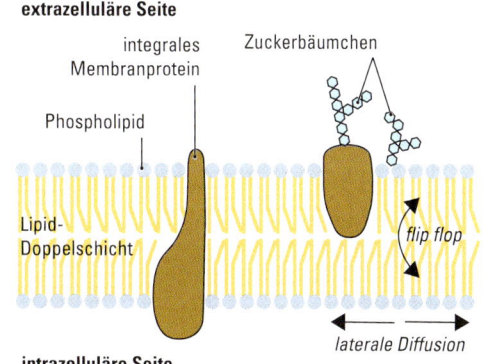

Abb. 4: Plasmamembran *medi-learn.de/6-bio1-4*

1 Allgemeine Zytologie, Zellteilung und Zelltod

> **Merke!**
>
> Je kürzer und ungesättigter die Fettsäuren sind, desto höher ist die Fluidität einer Membran.

Ein **Flip-Flop** – also ein Wechsel der Membranseite eines Phospholipids (s. Abb. 4, S. 3) – findet nur sehr selten statt, es sei denn, er wird durch geeignete Enzyme (Flipasen) katalysiert. Hinsichtlich der Verteilung von Proteinen und Zuckern lassen sich folgende Aussagen machen:
- Zucker befinden sich NIE auf der zytoplasmatischen Seite der Membran, sie ragen immer nach extrazellulär. Dadurch entsteht ein Zuckermantel, den man **Glykokalix** nennt.
- Proteine können auf der Außen- und Innenseite lokalisiert sein oder auch ein- oder mehrmals durch die Membran reichen. Transportproteine bilden z. B. einen Tunnel, der die Durchschleusung von verschiedenen Stoffen (Aminosäuren, Zuckern usw.) durch die ansonsten fast unpermeable Membran ermöglicht. An der Membran sind die Proteine durch unterschiedliche lipophile Anker befestigt, z. B. durch **Isoprene**, bestimmte Fettsäuren (C14 = Myristinsäure oder C16 = Palmitinsäure) oder den **GPI-Anker** (Glykosyl-Phosphatidylinositol).

Fluid-Mosaik-Modell

In diesem Zusammenhang taucht oft der Begriff **Fluid-Mosaik-Modell** auf. Er beschreibt die Membran als eine Art flüssiges Mosaik. Der Begriff Mosaik bezieht sich darauf, dass einige Proteine durchaus ortsgebunden sind (an bestimmten Membranregionen verbleiben) und damit keiner lateralen Diffusion über die gesamte Membran unterworfen sind. Das Ergebnis ist eine Art Flickenteppich (einer der Gründe dafür = Zonula occludens, s. S. 5).

Caveolae

Caveolae sind sehr kleine (50–100 nm), sackförmige Einbuchtungen einer Zellmembran. Da sie wie Flöße (engl.: rafts) auf der Zellmembran schwimmen, gehören sie zu den **Lipid Rafts**. So nennt man cholesterinreiche

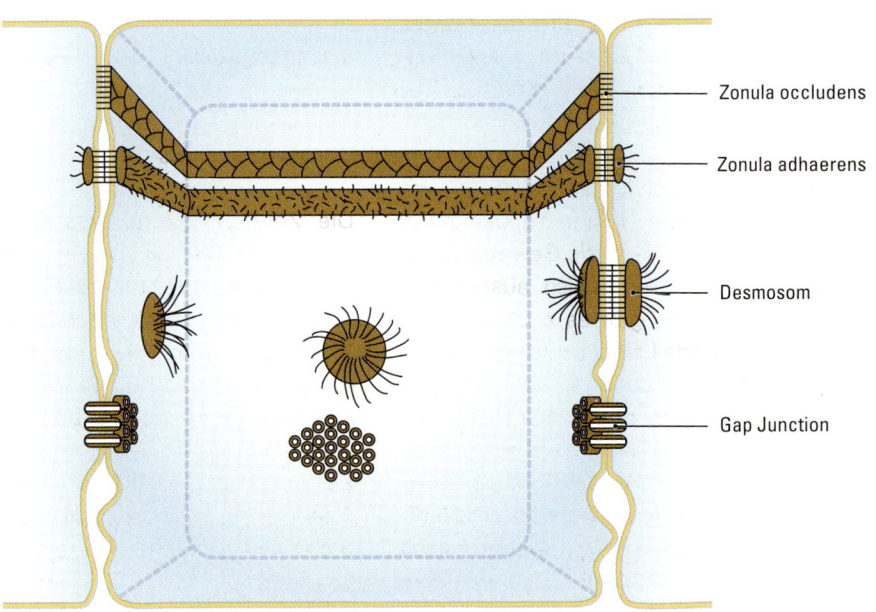

Abb. 5: Zell-Zell-Kontakte

Mikrodomänen in einer Doppelmembran. **Caveolin** ist das wichtigste Protein der Caveolae. Zu ihren Aufgaben gehören der Membrantransport und regulatorische Funktionen.

1.2.3 Zell-Zell-Kontakte

Und weiter geht's mit den verschiedenen Zell-Zell-Kontakten am Beispiel einer Epithelzelle. Dieses Thema ist zwar umfangreich und auch etwas trocken, mit den entsprechenden Kenntnissen lassen sich aber viele Punkte erzielen, denn die vermittelten Inhalte werden teilweise auch in der Anatomie geprüft. Die hier investierte Zeit lohnt sich also doppelt!

Zonula occludens (Tight Junction)

Die Zonulae occludentes (verschließende Gürtel oder englisch Tight Junctions) bilden ein komplexes System aus anastomosierenden (sich verbindenden) Proteinleisten, die am oberen Zellpol lokalisiert sind. Die beteiligten **integralen Membranproteine** nennt man **Occludine** und **Claudine**. Über Adapterproteine besteht auch ein Verbindung nach intrazellulär mit Aktinfilamenten. Es entsteht eine Naht aus Proteinverschlusskontakten, wodurch der Interzellularraum quasi verschwindet. Die Anlagerung der Epithelzellen aneinander ist also sehr dicht.

Die Tight Junctions bilden eine **Permeabilitätsbarriere** aus und behindern den parazellulären Transport. Je nach Gewebetyp ist diese Fähigkeit unterschiedlich ausgeprägt. Im Harnblasenepithel gibt es z. B. sehr viele anastomosierende Leisten, sodass das Epithel hier hochgradig dicht ist. Dies ist auch funktionell erwünscht, da der Harn nicht ins interstitielle Gewebe ablaufen soll. Beim Dünndarmepithel findet man dagegen wesentlich weniger Leisten. Dies wird verständlich, wenn man sich die Hauptaufgabe dieses Organs vor Augen hält: die Resorption. Ionen und Wasser sollen und können hier parazellulär aufgenommen werden.

Zusätzlich zu ihren verschließenden Aufgaben stellt die Zonula occludens eine **Zellpolarität** her. Der Interzellularraum verschwindet und die Zellmembranen zweier Zellen sind quasi verschmolzen. Dies verhindert die laterale Diffusion von Membranproteinen über diese Grenze hinweg. So unterteilen die Tight Junctions die Zelle (im Sinne des Fluid-Mosaik-Modells, s. S. 4) in einen apikalen (oberen) und einen basolateralen (unteren) Zellpol.

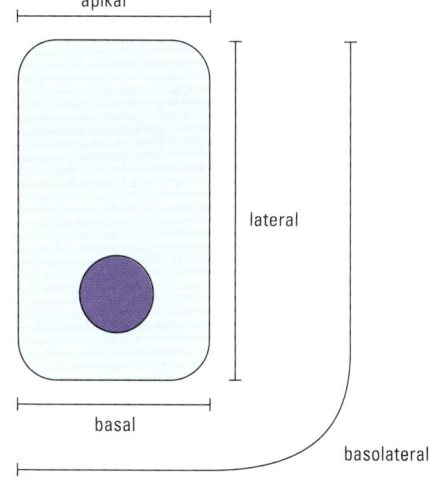

Abb. 6: Zellpolarität   *medi-learn.de/6-bio1-6*

Zonula adhaerens

Die Zonulae adhaerentes (Gürteldesmosomen) verlaufen bandförmig und meistens in geringem Abstand unterhalb der Zonulae occludentes im lateralen Bereich der Zelle. Ihre Hauptaufgabe ist die mechanische Befestigung der Zellen. Der Interzellularspalt wird durch die Zonulae adhaerentes nicht verschmälert.

Zu einer Zonula adhaerens gehören integrale Proteine, die die Verbindung der beiden Epithelzellen herstellen. Diese Proteine heißen **Cadherine**. Je nach Gewebe gibt es unterschiedliche Isotypen, bei unserer Epithelzelle kommen z. B. die E-Cadherine zum Einsatz.

1 Allgemeine Zytologie, Zellteilung und Zelltod

> **Merke!**
>
> **E**-Cadherine → **e**pitheliale Zellen
> **N**-Cadherine → **N**ervenzellen
> **P**-Cadherine → **P**lazentazellen

Des Weiteren sind Haftplatten am Aufbau beteiligt. Sie verstärken die Zellmembran und bestehen hauptsächlich aus den Proteinen α-Aktinin und Vinculin. An diesen Haftplatten sind zum einen die Cadherine befestigt, zum anderen Aktinfilamente verankert, die eine Verbindung ins Innere der Zelle herstellen. Dies garantiert besondere Strapazierfähigkeit.

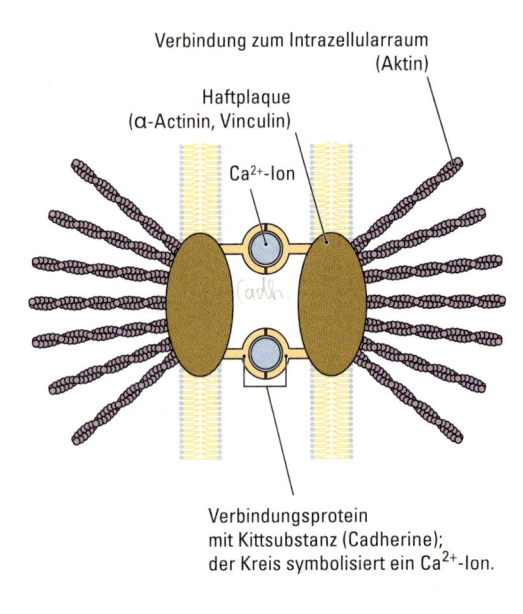

Abb. 7: Zonula adhaerens *medi-learn.de/6-bio1-7*

Desmosomen

Desmosomen (Maculae adhaerentes) sind runde Zellhaftkomplexe, die den Interzellularspalt nicht verschließen. Sie sind vergleichbar mit besonders starken Druckknöpfen, die die Zellen zusammenhalten.
Der Aufbau ähnelt den Zonulae adhaerentes, jedoch werden andere Proteine verwendet:
- **Desmogleine** stellen die Verbindung der beiden Zellen her.

- Die Haftplaques bestehen aus Plakoglobin und Desmoplakin.
- Die Verbindung ins Innere der Zelle wird durch Intermediärfilamente gewährleistet.

Desmosomen kommen in Epithelien und im Herzen an den Glanzstreifen vor. Hemidesmosomen werden im Kapitel 1.2.4, S. 8 besprochen.

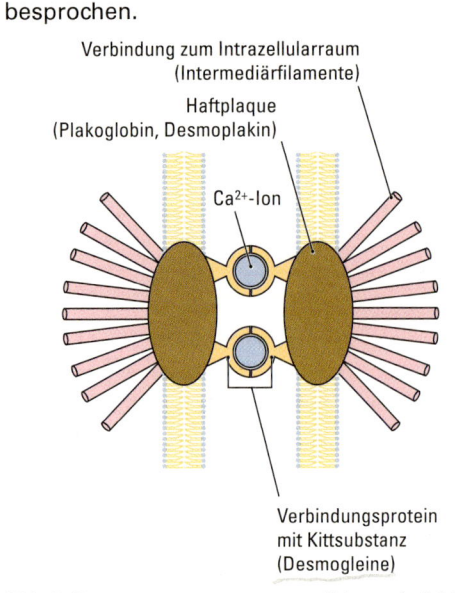

Abb. 8: Desmosomen *medi-learn.de/6-bio1-8*

> **Übrigens …**
> Der **Pemphigus vulgaris** ist eine Erkrankung, bei der Auto-Antikörper gegen Desmogleine gebildet werden. Dadurch werden die Desmosomen zerstört, die Zellen weichen auseinander und intradermal bilden sich Bläschen. Aufgrund dieser Bläschen wird der Pemphigus vulgaris auch Blasensucht genannt.

Nexus (Gap Junctions)

Nexus sind Verbindungen zwischen Zellen. Sie sind – mit Ausnahme von freien Zellen (z. B. Makrophagen) und Skelettmuskelzellen – ubiquitär verbreitet. Oft liegen sie zu Tausenden in bestimmten Arealen, wodurch der Interzellularspalt stark verkleinert wird, ohne dass er jedoch ganz verschwindet (s. Abb. 9, S. 7).

1.2.3 Zell-Zell-Kontakte

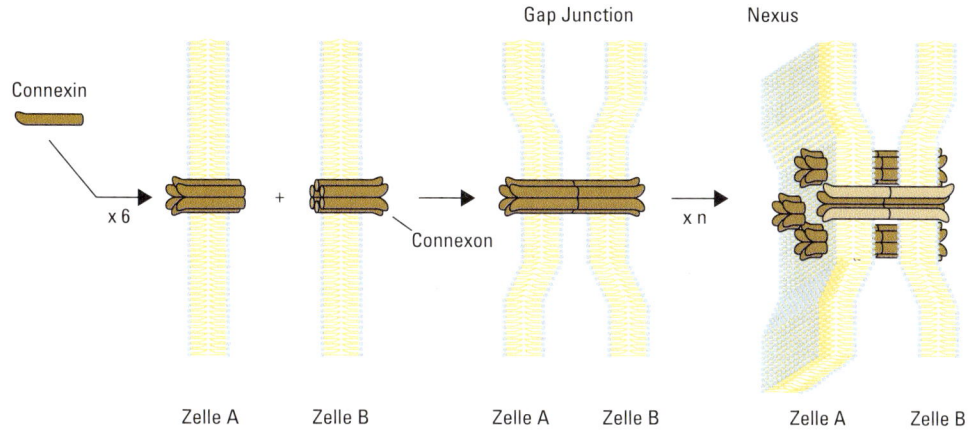

Abb. 9: Nexus *medi-learn.de/6-bio1-9*

Der Grundbaustein der Gap Junctions ist ein Connexin. Sechs solcher Connexine lagern sich zu einem Connexon (Merkhilfe: Pore) zusammen. Zwei solcher Connexone verschiedener Zellen bilden dann einen Proteintunnel. Damit sind die Intrazellularräume der beiden Zellen miteinander verbunden, und Ionen sowie Moleküle bis zu einer Größe von 1,5 kDa können frei von einer Zelle zur anderen diffundieren.

Gap Junctions erfüllen verschiedene Aufgaben:
- **elektrische Kopplung:**
  Herz → Reizweiterleitung
- **metabolische Kopplung:**
  Nährstoffaustausch
- **Informationskopplung:**
  Embryonalentwicklung → Wachstumsfaktoren

Tabellarische Zusammenfassung

In Tab. 1, S. 7 sind die wichtigsten Fakten noch einmal in einer Lerntabelle zusammengefasst.

Zell-Zell-Kontakt	Interzelluläre Verbindungsproteine	Haftplaques	Verankerung von Zytoplasmafilamenten	Funktion
Zonula occludens	Occludine, Claudine	keine	Aktinfilamente	– Zellpolarität – Verhinderung von parazellulärem Transport
Zonula adhaerens	Cadherine	α-Aktinin Vinculin	Aktinfilamente	mechanisch
Desmosom	Desmogleine	Plakoglobin Desmoplakin	Intermediärfilamente	mechanisch
Junction	Connexine	keine	keine	funktionelle Kopplung von Zellen

: Zell-Zell-Kontakt

1 Allgemeine Zytologie, Zellteilung und Zelltod

Zur Veranschaulichung der Zell-Zell-Kontakte folgt ein kleiner Ausflug in die Histologie (s. Abb. 10, S. 8):

Zur histologischen Orientierung: Zunächst sieht man hier ein hochprismatisches (Zylinder-)Epithel. Eine einzelne Zelle hiervon nennt man Darmzelle oder **Enterozyt**. Man erkennt ihre dunklen ovalen Zellkerne (ZK) und das etwas heller gefärbte Zytoplasma.

Das Epithel grenzt mit einer etwas dunkler angefärbten Schicht (MV für Mikrovilli) an ein Lumen (L). Bei der dunklen Schicht handelt es sich um einen Mikrovillibesatz, den man auch Bürstensaum nennt (s. 1.3.1, S. 10). Ferner gibt es im Epithel einige „helle Stellen"(BZ). Hier handelt es sich um schleimproduzierende Becherzellen, die im Darmepithel eingestreut vorkommen. Deren Schleim ist allerdings durch die Präparation des Schnittes herausgelöst, wodurch sie hell erscheinen.

Sieht man nun ganz genau hin, so erkennt man am apikalen Zellpol der Enterozyten kleine dunkle Verdickungen an der Grenze zwischen zwei Zellen (SL). Hier erscheinen **Zonula occludens, Zonula adhaerens** und **Desmosomen** gemeinsam als „schwarze Punkte" und werden somit als **Schlussleistenkomplex** (junktionaler Komplex) bezeichnet. Die einzelnen Proteinbestandteile des Schlussleistenkomplexes kann man lichtmikroskopisch nicht differenzieren. Dafür bräuchte man ein Elektronenmikroskop.

1.2.4 Zell-Matrix-Kontakte

Neben Zell-Zell-Kontakten gibt es auch noch Zell-Matrix-Kontakte, die die Zelle mit der Umgebung verbinden. Die folgenden zwei Kontakte sind physikumsrelevant.

Hemidesmosomen

Hemidesmosomen sehen aus wie halbe (griech. hemi: halb) Desmosomen. Sie sind als punktförmige Kontakte an der basalen Seite von Epithel- und Endothelzellen zu finden und befestigen diese an der Basalmembran. Somit wird verhindert, dass die Zellen in Bewegung geraten oder sich ablösen. Abb. 11, S. 9 zeigt den strukturellen Aufbau eines Hemidesmosoms.

Die Verstärkung im Zellinneren erfolgt auch hier durch Haftplaques. Genau wie bei den Desmosomen sind daran auf der zytoplasmatischen Seite **Intermediärfilamente** befestigt. Die Verbindung nach extrazellulär wird durch **Integrine** gewährleistet, die wiederum an Fibronektin binden. Fibronektin seinerseits

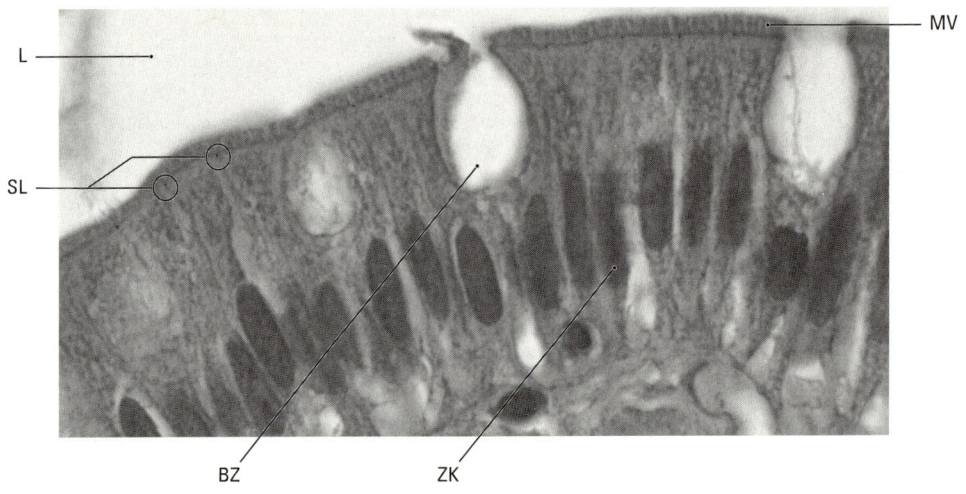

Abb. 10: Darmepithel mit Schlussleisten

1.3 Zytoskelett

kann an **Kollagen** binden. Da Kollagen ein Bestandteil der extrazellulären Matrix ist, ist damit der Zell-Matrix-Kontakt hergestellt.
Eine Zelle kann sich also nicht ohne weiteres an Kollagen verankern, sondern benötigt dazu eine ganze Reihe spezialisierter Proteine.

> **Übrigens ...**
> Erworbene blasenbildende Hauterkrankungen vom Typ des **bullösen Pemphigoids** beruhen auf Autoantikörpern gegen Komponenten von Hemidesmosomen. In der Folge lösen sich Hautschichten ab und es entstehen Blasen (Bullae).

Merke!
- Die Intermediärfilamente einer Epithelzelle heißen auch **Zytokeratine** oder **Tonofilamente** (s. a. Intermediärfilamente, S. 11).
- Integrine sind Heterodimere und setzen sich aus einer α- und einer β-Untereinheit zusammen. Diese Untereinheiten existieren in verschiedenen Isoformen. Für Hemidesmosomen ist beispielsweise das $\alpha_6\beta_4$-**Integrin** charakteristisch.
- Auch Fibronektin ist ein Dimer.

Fokale Kontakte

Fokale Kontakte sind den Hemidesmosomen sehr ähnlich. Wie Abb. 12, S. 9 zeigt, sind beide Zell-Matrix-Kontakte aus den gleichen Proteinen aufgebaut. Der Unterschied ist, dass die Haftplaques der fokalen Kontakte auf der zytoplasmatischen Seite mit Aktinfilamenten assoziiert sind.
Funktionell unterscheiden sich fokale Kontakte jedoch von Hemidesmosomen: Während Hemidesmosomen besonders stabile Kontakte sind, können sich die fokalen Kontakte lösen und neu formieren. Daher findet man diese Form der Zell-Matrix-Kontakte auch weniger bei Epithelzellen sondern u. a. bei bewegungsfähigen Zellen, z. B. Makrophagen.

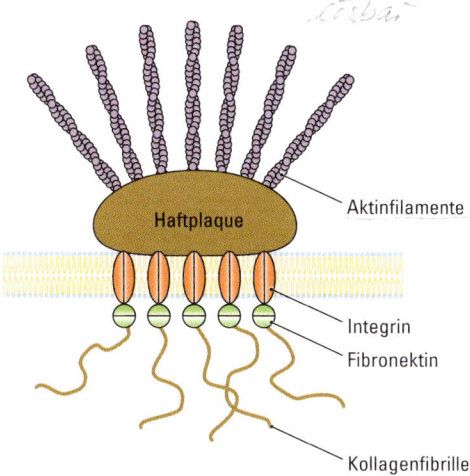

Sowohl Fibronektin als auch Integrin sind als dimere Proteine dargestellt.

Abb. 12: Fokaler Kontakt medi-learn.de/6-bio1-12

1.3 Zytoskelett

Ebenso wie das vorherige Thema Zell-Zell-Kontakte ist das Thema Zytoskelett ziemlich trocken. Aber auch hier gilt: Ein passables Wissen über diesen Teilbereich sichert wertvolle Punkte im schriftlichen Examen.

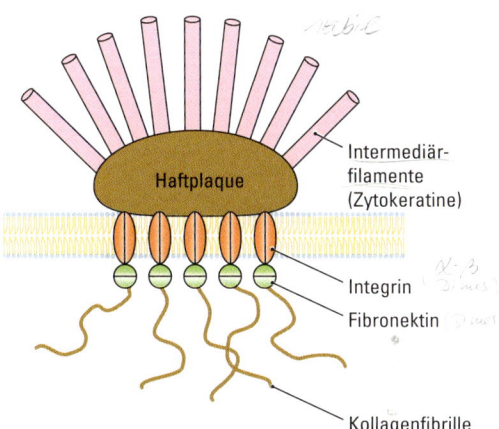

Sowohl Fibronektin als auch Integrin sind als dimere Proteine dargestellt.

Abb. 11: Hemidesmosom medi-learn.de/6-bio1-11

1 Allgemeine Zytologie, Zellteilung und Zelltod

> **Merke!**
>
> Durchmesser der folgenden Protein-Filamente: Mikrotubuli > Intermediärfilamente > Mikrofilamente.

1.3.1 Komponenten des Zytoskeletts

Das Zytoskelett ist ein kompliziertes intrazelluläres Netzwerk aus verschiedenen Proteinen, das der Strukturaufrechterhaltung, intrazellulären Transportvorgängen und der Zellteilung dient. Außerdem ist es noch an der amöboiden Fortbewegung bestimmter Zellen (s. 1.3.2, S. 13) beteiligt.
Die Protein-Filamente sind – je nach Art – unterschiedlich in der Zelle angeordnet (s. Abb. 13, S. 10):
- **Mikrofilamente** bilden ein quervernetztes System, das unter der Zellmembran besonders dicht ist (= peripheral dense bands). Dadurch entsteht ein wabenartiges Relief. Auch in den Mikrovilli sind die Mikrofilamente so angeordnet.
- **Intermediärfilamente** sind recht gleichmäßig über die Zelle, vom Kern bis zur Zellmembran, verteilt.
- **Mikrotubuli** weisen ein sternförmiges Muster auf. Ausgehend vom paranukleären MTOC bilden sie Strahlen aus, die in Richtung Peripherie ziehen.

> **Merke!**
>
> Mit **MTOC** (microtubule organizing center) bezeichnet man einen Ort, an dem das Wachstum von Mikrotubuli (s. S. 11) beginnt. Charakteristisch ist eine 9 · 3 + 0-Struktur. Die wichtigsten beiden MTOCs sind die Basalkörperchen und die Zentriolen.

Mikrofilamente

Die kleinsten der Filamente sind die Mikrofilamente. Sie bestehen aus polymerisiertem **Aktin** und weiteren assoziierten Proteinen wie z. B. Fimbrin und Villin. Aktinfilamente sind **polar**, das bedeutet, dass sie einen Minus- und einen Pluspol besitzen. Die wichtigste Aufgabe der Mikrofilamente ist die Aufrechterhaltung der Strukturintegrität einer Zelle. Man findet sie z. B. in Mikrovilli, den fingerförmigen Ausstülpungen der Zytoplasmamembran am apikalen Zellpol. Daneben gibt es Mikrofilamente

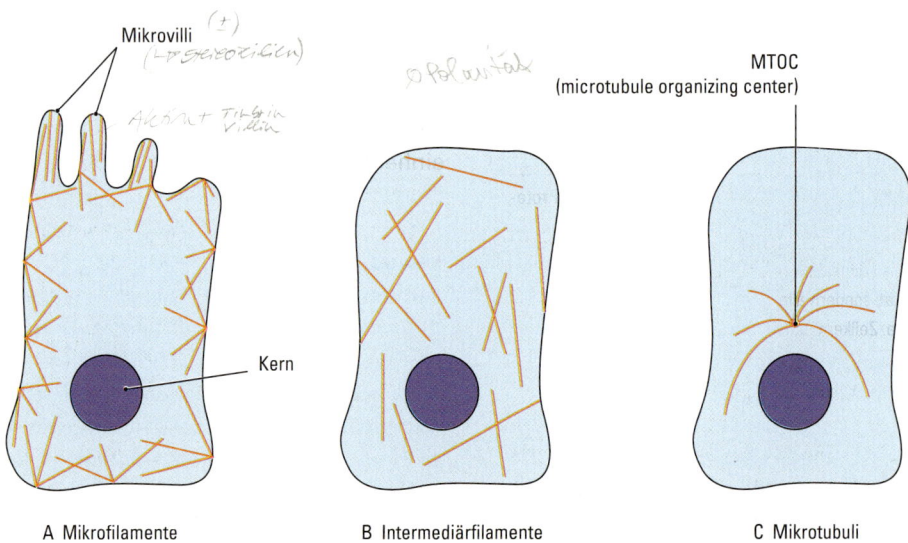

A Mikrofilamente   B Intermediärfilamente   C Mikrotubuli

Abb. 13: Intrazelluläre Anordnung des Zytoskeletts   medi-learn.de/6-bio1-13

1.3.1 Komponenten des Zytoskeletts

in **Stereozilien**. Stereozilien sind extrem lange Mikrovilli, die man im Ductus epididymidis (Anteil an der Spermienreifung) und im Innenohr (Signaltransduktion) findet. Mikrovilli dienen der Oberflächenvergrößerung, daher findet man sie vor allem dort, wo viele Resorptionsprozesse stattfinden, z. B. im Dünndarm.

Intermediärfilamente

Intermediärfilamente entstehen durch Polymerisation von einzelnen fibrillären Untereinheiten. Die dabei gebildeten Polymere sind stabil und weisen im Gegensatz zu Mikrofilamenten und Mikrotubuli **KEINE Polarität** auf. Ihre Aufgabe besteht in der Aufrechterhaltung der strukturellen Integrität der Zelle. Da Intermediärfilamente **gewebespezifische** Strukturproteine sind, kann man verschiedene Klassen unterscheiden. Die folgende Tabelle ist absolut prüfungsrelevant. Du solltest sie am besten auswendig lernen:

Gewebe	Intermediärfilament
Epithelien	Zytokeratine (Tonofilamente)
Mesenchym	Vimentin
Muskelzellen	Desmin
Nervenzellen	Neurofilamente
Neuronale Stammzellen	Nestin
Astrozyten	Glial Fibrillary Acidic Proteine (GFAP)
Kernlamina (keine Gewebespezifität, sondern alle Zellen, s. a. Zellkern, S. 16)	Lamine

Tab. 2: Gewebespezifität der Intermediärfilamente

Eine Analyse der Intermediärfilamente kann bei einer histologischen Tumordiagnose hilfreich sein, beispielsweise würde ein GFAP-anfärbbarer Tumor im ZNS auf ein Astrozytom hinweisen.

Viele Tumoren gehen auch aus Epithelgewebe hervor. Diese exprimieren folglich Zytokeratine. Da es unterschiedliche Unterfamilien von Zytokeratinen gibt, kann auch ein spezifisches **Zytokeratinmuster** auf einen bestimmten Tumor hinweisen und einen anderen eher ausschließen. Das ist besonders bei der Untersuchung von Metastasen hilfreich, denn es ist überaus wichtig zu wissen, woher der Primärtumor kommt.

Übrigens ...
Die autosomal-dominant vererbte Erkrankung **Epidermiolysis bullosa simplex hereditaria** beruht auf Mutationen in der (Zyto-)Keratinfamilie. Dies führt dazu, dass sich bereits bei minimalen Traumata zwischen den basalen Keratinozyten Spalten und auf der Haut Blasen bilden. Diese Erkrankung manifestiert sich oft bereits im Säuglings- und Kleinkindesalter, bessert sich aber mit zunehmendem Alter.

Mikrotubuli

Bevor es darum geht, wie die Mikrotubuli ihren Dienst an der Zelle verrichten, beschreiben wir dir zunächst ihren ultrastrukturellen Aufbau.
Die Mikrotubuli bestehen aus Proteinen, die wie Bauklötze zu immer höheren Funktionseinheiten zusammengesetzt sind. Die Grundeinheiten (Bauklötze) sind die **Tubuline**. Von ihnen gibt es Alpha- und Betatubuline, die sich zu einem Heterodimer zusammenlagern. Aus den Heterodimeren bilden sich Protofilamente, die wiederum durch seitliche Anlagerung weiter zu den eigentlichen Mikrotubuli aggregieren. Ein komplettierter Mikrotubulus (**Singulette**) besteht aus 13 solcher Protofilamente.
Es gibt aber auch zelluläre Strukturen, bei denen sich zwei Mikrotubuli zusammenlagern. Der erste (A-Tubulus) besteht dann aus 13 Protofilamenten, der angelagerte B-Tubulus nur aus zehn Protofilamenten. A- und B-Tubu-

1 Allgemeine Zytologie, Zellteilung und Zelltod

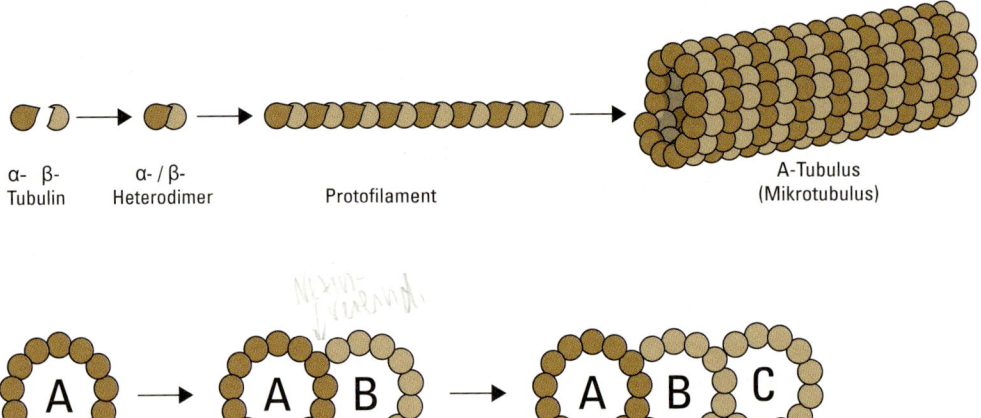

Abb. 14: Mikrotubuli medi-learn.de/6-bio1-14

lus zusammen nennt man **Duplette**. Analog dazu kann sich auch eine Triplette bilden, bei der der dritte Tubulus, der C-Tubulus, ebenfalls nur zehn Protofilamente enthält. Solche kombinierten Mikrotubuli findet man z. B. in Kinozilien (s. u.).
Welche Eigenschaften und Aufgaben haben nun die Mikrotubuli?
Mikrotubuli sind **reversible** und **polare** Strukturen. Das bedeutet
– sie können schnell auf- und abgebaut werden,
– sie haben einen Plus- und einen Minuspol.
Mikrotubuli dienen als Gleitschienen innerhalb der Zelle. Bildlich kann man sie sich als Autobahnen der Zelle vorstellen. Mit den Motorproteinen **Dynein** und **Kinesin** können auf diesen Mikrotubuli-Autobahnen z. B. Zellorganellen transportiert werden. Anhand der Neurotubuli – den Mikrotubuli der Nervenzellen – stellen wir nun diese beiden Motorproteine etwas genauer vor:

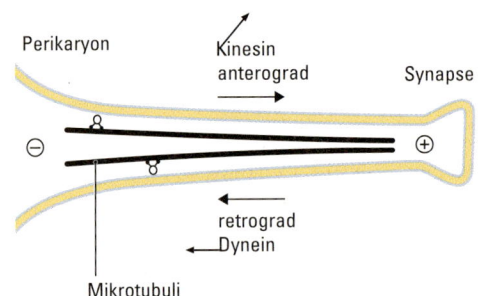

Abb. 15: Neurotubuli medi-learn.de/6-bio1-15

Kinesin sorgt für den anterograden mikrotubulusassoziierten Transport, Dynein für den retrograden. Ein anterograder Transport vollzieht sich vom Perikaryon zur Synapse, der retrograde Transport von der Synapse zurück zum Perikaryon.

> **Merke!**
>
> – Kinesin → anterograder Transport
> – Dynein → retrograder Transport

1.3.2 Amöboide Zellbewegung

Übrigens ...
In Gegenwart der Pflanzengifte **Colchizin**, **Vincristin** oder **Vinblastin** können keine Mikrotubulusfilamente aufgebaut werden. Diese „Mitosespindelgifte" binden an freie Tubuline und hemmen so den Zusammenbau des Spindelapparats. Dies macht man sich bei der Chromosomenanalyse zu Nutze (s. Karyogrammanalyse, S. 54).

Rolle der Mikrotubuli bei den Zilien und der Mitosespindel

Kinozilien enthalten Mikrotubuli und das Motorprotein Dynein, das für den Zilienschlag benötigt wird. Kinozilien kommen z. B. im Respirationstrakt vor, wo sie Staub über einen oralwärts gerichteten Schlag nach draußen befördern.

An einer Kinozilie lassen sich – anhand der elektronenmikroskopisch sichtbaren Organisationsmuster der Mikrotubuli – drei Zonen unterscheiden.
- Eine 9 · 2 + 2-Struktur bedeutet, dass sich neun Dubletten (9 · 2) um zwei zentrale Mikrotubuli (+ 2) anordnen. Diese Anordnung befindet sich im oberen Bereich der Kinozilie – dem Achsenfaden. Hier findet man auch die nach innen strahlenden radialen **Speichenproteine** und das Protein **Nexin**, das die einzelnen Dubletten untereinander verbindet (s. Abb. 16).
- Eine 9 · 2 + 0-Struktur heißt, dass sich wiederum neun **Dubletten** ringförmig anordnen. Die zwei zentralen Mikrotubuli (+ 0) fehlen jedoch. Dies ist in der Intermediärzone der Fall.
- Im Basalkörperchen (Kinetosom) findet man eine 9 · 3 + 0-Struktur. Hier ordnen sich neun Tripletten (9 · 3) kreisförmig an.

Übrigens ...
Die Reinigungsfunktion der Kinozilien nennt man auch mukoziliäre Clearance. Beim **Kartagener-Syndrom** kann es aufgrund einer Mutation im Dynein-Gen zu einer Funktionsbeeinträchtigung der Kinozilien kommen. Die Folge sind Sekretverhalt und/oder chronische Bronchitis.

Neben dem Zilienschlag sind die Mikrotubuli auch an der Ausbildung der Mitosespindel beteiligt. Diese Mikrotubuli werden an den **Zentriolen** gebildet, weisen eine 9 · 3-Struktur auf und wandern während der Mitose zu den Zellpolen (s. 1.7.2, S. 33).

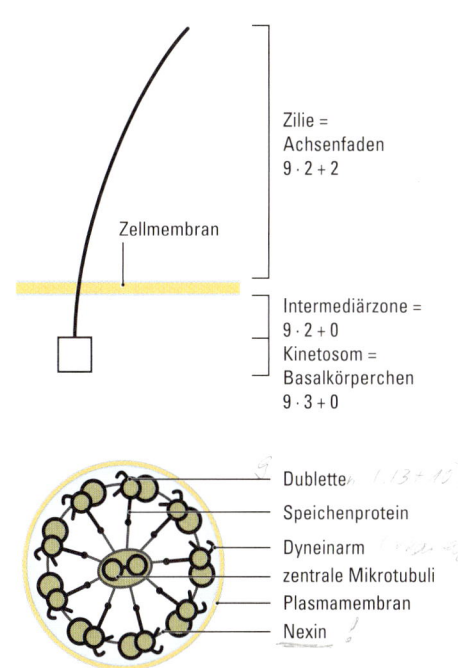

Abb. 16: Zilien *medi-learn.de/6-bio1-16*

1.3.2 Amöboide Zellbewegung

Amöboide Bewegung findet nicht durch Zilienschlag, sondern durch Zytoplasmafluss statt. Doch wie funktioniert das? Bei Amöben können zwei Zonen in ihrem Zytoplasma unterschieden werden:
- das randständige Ektoplasma,
- das zentral gelegene Entoplasma.

Das Ektoplasma hat eine gelartige festere Konsistenz und ist zur Ausbildung von **Pseudopodien**

1 Allgemeine Zytologie, Zellteilung und Zelltod

dien (Scheinfüßchen) befähigt. Das Entoplasma hat eine flüssigere Konsistenz und fließt daher der veränderten Form nach. Als Folge kann sich die Amöbe bewegen. Der zugrunde liegende molekulare Mechanismus beruht auf der Tätigkeit ATP-verbrauchender kontraktiler Filamente (Aktin und Myosin). Doch nicht nur Amöben nutzen diese Art der Fortbewegung, auch menschliche Zellen können auf diese Weise wandern. Zu diesen nichtsesshaften Zellen gehören z. B. embryonale Zellen, Makrophagen, Granulozyten und Lymphozyten.

> **Merke!**
>
> Unter **Chemotaxis** versteht man die Fähigkeit von Zellen, eine gerichtete amöboide Bewegung – ausgelöst von chemischen Reizen – auszuführen. Zum Beispiel können Leukozyten auf diese Weise in eine bestimmte Richtung gelockt werden, in der gerade eine Immunabwehrreaktion stattfindet.

1.3.3 Zytoskelett der Erythrozyten

Das Zytoskelett der roten Blutkörperchen hat einige Besonderheiten zu bieten, da sich ein Erythrozyt durch Milzsinus und enge Kapillaren bewegen muss. Für diese enorme Verformbarkeit sorgen spezielle Proteine, die in Abb. 17, S. 14 dargestellt sind. Das wichtigste dieser Proteine ist das **Spektrin**. Es besteht aus **α- und ß-Untereinheiten** und wird mittels **Ankyrin** und dem **Protein 4.2** an der Zellmembran (genauer an einem integralen Membranprotein namens **Band 3**) befestigt. Spektrin kann sich aber auch an **Aktin** anlagern, Aktin befestigt sich dann an **Protein 4.1** und dieses wieder an der Zellmembran. Dieses recht spezifische Wissen ist nicht unwichtig, denn an jedem dieser Zytoskelettbestandteile kann durch Mutation eine **Sphärozytose (Kugelzellanämie)** verursacht werden. Dabei verlieren die Erythrozyten ihre spezifischen Verformungseigenschaften und ihre charak-

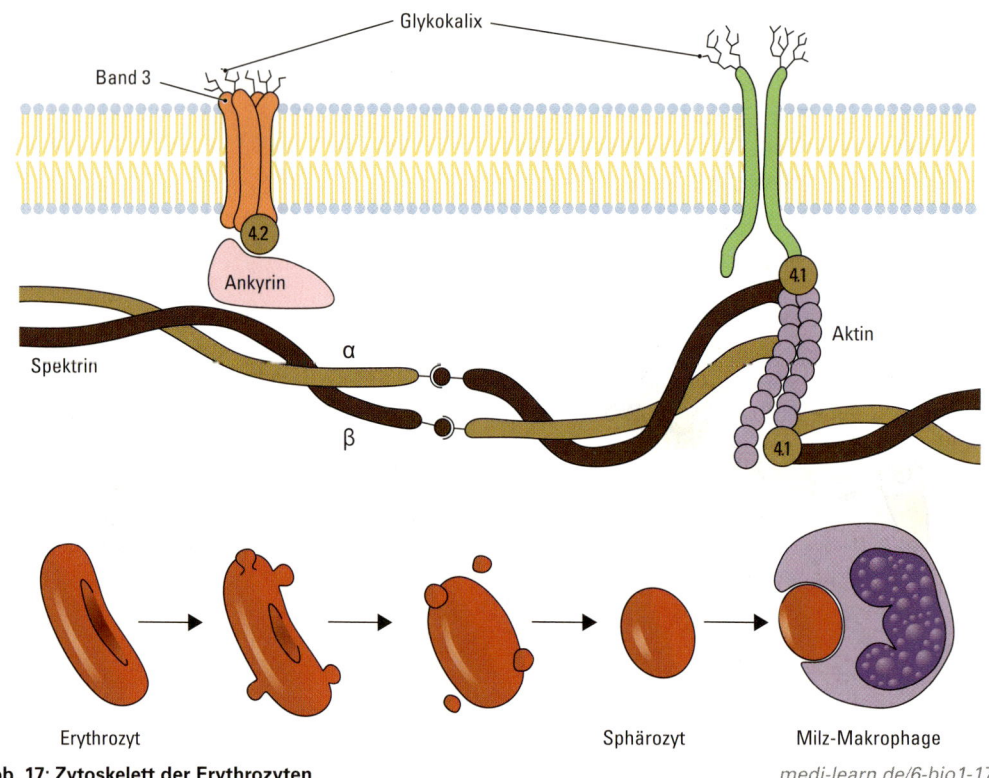

Abb. 17: Zytoskelett der Erythrozyten

medi-learn.de/6-bio1-17

teristische bikonkave Form. Folge: Die roten Blutkörperchen runden sich ab und werden vermehrt in der Milz abgebaut, was zur Anämie führt.

> **Merke!**
>
> Über unspezifische Alterungsprozesse dieser Zytoskelettanteile erklärt man sich auch die **120-tägige Lebensdauer** der Erythrozyten. Da Erythrozyten keinen Zellkern besitzen, fehlt ihnen die Grundvoraussetzung dafür, fehlerhafte Proteine nachzubauen. Folge: Fehlerhafte Proteine häufen sich an, die Erythrozyten sind nicht mehr optimal verformbar, bleiben in den Milzsinus stecken und finden ihr Ende in Makrophagen.

1.3.4 Zytoskelett der Thrombozyten

Unterhalb von Thrombozytenmembranen findet man einen breiten mit Zytoskelettanteilen angefüllten Saum. Darin befinden sich neben Aktin und Spektrin auch **Mikrotubuli**. Dieser Saum ist einerseits formgebend, andererseits wird durch ihn auch verhindert, dass die in den Thrombozyten enthaltenen diversen Granula und Organellen mit der Membran verschmelzen und ihre Inhaltsstoffe so unkontrolliert freigeben.

Pause

Gib´ jetzt deinen Zellorganellen Wasser …
Zeit für eine kleine Pause!

1 Allgemeine Zytologie, Zellteilung und Zelltod

1.4 Zellkern

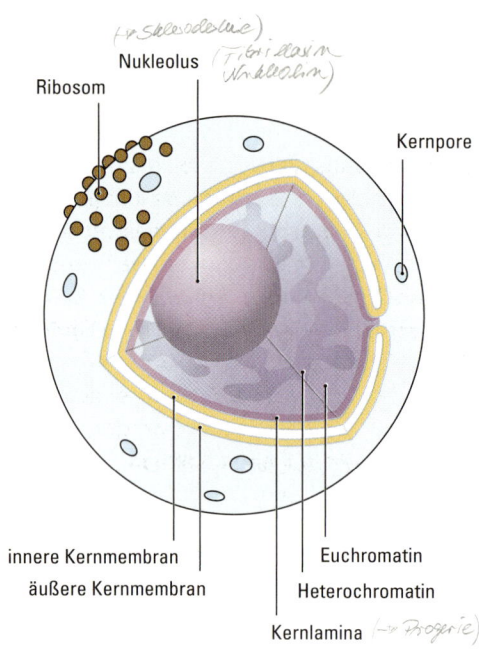

Abb. 18: Zellkern — medi-learn.de/6-bio1-18

Der Zellkern ist das übergeordnete Steuerungszentrum der Zelle. Hier wird die genetische Information in Form von Chromosomen gespeichert sowie das Genom repliziert (kopiert) und transkribiert (in RNA umgeschrieben).

Liegt das genetische Material locker und entspiralisiert vor, spricht man von **Euchromatin**, der aktiven Form des Chromatins. Bei einer stark stoffwechselaktiven Zelle kann man daher eine funktionelle Zellkernschwellung und ein vermehrtes Auftreten des Euchromatins erwarten. **Heterochromatin** hingegen ist stärker spiralisiert und erscheint im Mikroskop dunkler. Aufgrund der höheren Spiralisierung wird es nicht abgelesen und ist somit inaktiv. Man unterscheidet unterschiedliche Arten von Heterochromatin:

- **konstitutives Heterochromatin** besteht unter anderem aus vielen repetitiven DNA-Sequenzen. Man findet es vor allem im Zentromerbereich.
- **fakultatives Heterochromatin** kommt z. B. in Folge des Gen-Dosis-Ausgleichs bei der Inaktivierung eines X-Chromosoms bei der Frau vor (vgl. Lyon-Hypothese in Abschnitt nummerische Chromosomenaberration → s. S. 55). Man bezeichnet es daher auch als Sexchromatin.
- **funktionelles Heterochromatin** entsteht, wenn eine Zelle bestimmte Genbereiche von sich aus z. B. im Rahmen einer Differenzierung stilllegt.

Der Inhalt des Zellkerns ist durch die **Kernhülle** vom Rest der Zelle abgegrenzt. Diese besteht aus einer inneren und einer äußeren (Kern-) Membran. Solch eine Doppelmembran findet man übrigens auch bei den Mitochondrien.

Die äußere Kernmembran steht mit dem rauen endoplasmatischen Retikulum in Verbindung. Hier können membrangebundene Ribosomen lokalisiert sein. Direkt unter der inneren Membran liegt eine Schicht aus Intermediärfilamenten (Laminen), die die Kernlamina bilden. Diese Schicht ist u. a. für die Kernform verantwortlich und erfüllt daher mechanische Aufgaben.

> **Übrigens …**
> Beim **Hutchinson-Gilford-Syndrom** (Progerie: „frühes Alter") vergreisen betroffene Patienten bereits im Kindesalter. Die Erkrankung ist auf eine Mutation im **Lamin-A-Gen** zurückzuführen. Wenn man weiß, dass Lamine die Intermediärfilamente der Kernhülle sind, kann man sich herleiten, dass ein Kennzeichen dieser Erkrankung deformierte Zellkerne sind.

Zwischen dem Kerninnenraum und dem Rest der Zelle besteht ein reger Stoffaustausch durch die Kernporen:

- mRNAs, rRNAs und tRNAs gelangen so in das Zytoplasma.
- **Importine** sind Proteinkomplexe, die den Transport bestimmter Proteine vom Zytoplasma in den Zellkern erleichtern. Hierzu erkennen sie **Kernlokalisierungssigna-**

le (nuclear localization signals, kurz: NLS). Nukleäre Proteine (z. B. Histone) – die wie alle Proteine für den Eigenbedarf im Zytoplasma an freien Ribosomen synthetisiert werden – werden durch diesen Transportweg in den Kern eingeschleust.

Die Kernhülle ist nur während der Interphase existent. Bei der Zellteilung wird sie in kleine Bläschen abgebaut und muss so später in den Tochterzellen nicht komplett neu synthetisiert werden, da die Bläschen wieder zur Kernhülle recycelt werden können.

> Bei der Zellteilung (Mitose, s. 1.7.2, S. 33) verschwinden sie, da die Chromosomen maximal kondensieren und somit keine Möglichkeit besteht, weiterhin rRNA abzulesen.

1.4.1 Nukleolus

Der Nukleolus (Kernkörperchen) fällt histologisch durch eine starke Anfärbung auf. In ihm wird ribosomale RNA (rRNA) hergestellt, die für die Ribosomenbildung notwendig ist. Im Nukleolus findet sich noch eine weitere RNA-Art: die snoRNA (small nucleolar RNA). Diese RNA codiert nicht für Proteine, sondern ist an der Prozessierung der rRNA beteiligt.

Die Nukleoli können nur von den **NORs** (Nucleolus-Organizer-Regions, bestimmten Regionen auf den **akrozentrischen Chromosomen** 13, 14, 15, 21 und 22) gebildet werden. Hier liegen die Gene, die für die rRNA codieren, in vielen Kopien (redundant) vor.

Im Nukleolus selbst sind die für die Transkription der rRNA wichtigen Enzyme und Proteine in sogenannte **fibrillären Zentren** lokalisiert. Daher kann man sich auch ableiten, dass stoffwechselaktive Zellen auch mehrere solcher fibrillären Zentren in einem Nukleolus aufweisen können. Bei sehr stark stoffwechselaktiven Zellen (z. B. Hepatozyten) können in einem Kern auch mehrere Nukleoli vorhanden sein, wodurch dann unter dem Strich noch mehr Ribosomen für die Translation gebildet werden können.

> **Merke!**
> – Die Nukleoli sind von KEINER Membran umgeben.
> – Nukleoli sind nur in der Interphase vorhanden.

Einige Proteine des Nukleolus sind auch zusätzlich klinisch interessant. Bei der **Sklerodermie**, einer **Kollagenose** (Bindegewebserkrankung), die mit Verhärtung der Haut und/oder innerer Organe einhergeht, werden Autoantikörper gegen die Nukleolusproteine **Fibrillarin**, **Nukleolin** oder die **RNA-Polymerase I** gebildet. Da bei der Sklerodermie Antikörper gegen körpereigenes Material gebildet werden, zählt sie zu den **Autoimmunerkrankungen**.

1.5 Zytoplasma

Das Zytoplasma ist ein mit Proteinen, Wasser, Nukleinsäuren, Zuckern (auch Glykogen!), Ionen und anderen Metaboliten angefüllter Raum. Dazu zählen auch die Zellorganellen, aber nicht der Zellkern, welcher spezielles Karyoplasma besitzt. **Glykogen** wird im Zytoplasma in Form elektronendichter Granula gespeichert.

In diesem Zusammenhang ist der Begriff **Kern-Plasma-Relation** von Bedeutung. Er beschreibt das Verhältnis zwischen Kernvolumen und Zytoplasmamenge der Zelle. So kann man bei besonderen Leistungen der Zelle eine funktionelle Kernschwellung und die Ausbildung mehrerer Nukleoli (s. 1.4.1, S. 17) beobachten. Es gilt: Je mehr Kernvolumen, desto mehr Leistung kann der Kern als Steuerungszentrale vollbringen.

1.5.1 Caspasen

Caspasen sind spezifische, im Zytoplasma lokalisierte Proteasen, die nach Aktivierung zur Apoptose (programmierter Zelltod) führen (s. a. 1.9.2, S. 40). Sie spalten zahlreiche andere Proteine und aktivieren DNAsen, die das Genom zerstören. Ferner ist die Freisetzung von **Cytochrom c** aus den Mitochondrien für eine Apoptose charakteristisch.

1.5.2 Proteasom

Das zytoplasmatisch lokalisierte Proteasom dient der kontrollierten intrazellulären Proteolyse. Überalterte oder fehlgefaltete Proteine werden hierbei mit einem Markerprotein – dem **Ubiquitin** – versehen. So als Abfallprodukte gekennzeichnet, werden sie in das fassförmige Proteasom aufgenommen und dort abgebaut. Weitere intrazelluläre Proteasen findet man in den Lysosomen (s. 1.6.7, S. 24).

1.6 Zellorganellen

Nun geht es um die einzelnen Organellen, die in der Zelle zu finden sind. Für eine orientierende Übersicht schaut man sich am besten noch einmal die Zellskizze in Abb. 1, S. 1 an, da hier die wichtigsten Zellorganellen eingezeichnet sind.

1.6.1 Mitochondrien

Das Thema Mitochondrien wird sehr oft im schriftlichen Examen geprüft. Das liegt daran, dass es eine Fülle von interessanten Fakten zu dieser Organelle gibt – das Mitochondrium hat sogar eine eigene (!) DNA. Doch nun der Reihe nach ...
Mitochondrien sind die Kraftwerke der Zellen. Sie kommen in **fast** allen eukaryontischen Zellen in unterschiedlicher Anzahl vor.
Eine bedeutsame **Ausnahme** stellen reife **Erythrozyten** dar. Wie kann man sich das erklären? Die roten Blutkörperchen haben im Laufe ihres Fertigungsprozesses ihren Kern ausgestoßen. Als Folge dieses Verlustes der übergeordneten Steuerzentrale sind auch Organellen wie das endoplasmatische Retikulum (s. a. 1.6.3, S. 20) oder eben Mitochondrien verloren gegangen.
Mitochondrien haben zwei Membranen:
– Die äußere Membran ist relativ glatt und enthält **Porine**, die Moleküle bis zu einer Größe von 10 kDa durchlassen,
– die innere Mitochondrienmembran ist stark gefaltet und relativ undurchlässig.

Man unterscheidet den **Tubulus- und den Cristae-Faltungstyp**, die beide Oberflächenvergrößerungen darstellen.
– Der Cristae-Typ ist für stark stoffwechselaktive Zellen (z. B. Herzmuskelzellen) charakteristisch.
– Den Tubulus-Typ findet man in Zellen, die Steroidhormone produzieren.

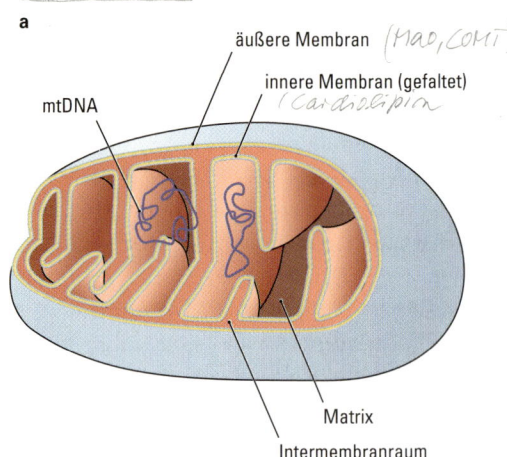

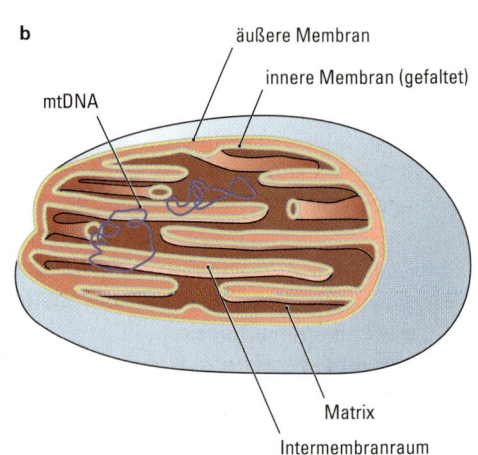

Abb. 19: Mitochondrium a) Cristae-Typ
b) Tubulus-Typ

medi-learn.de/6-bio1-19

1.6.1 Mitochondrien

Eingebettet in der inneren Membran liegen die Enzyme der **Atmungskette** und der **ATP-Synthese**. Den Raum, den die innere Mitochondrienmembran umschließt, nennt man Matrixraum. Hier sind die Enzyme der **β-Oxidation** und des **Citratzyklus** lokalisiert.
In der äußeren Mitochondrienmembran befinden sich z. B. die zwei für den Abbau von Katecholaminen wichtigen Enzyme **Monoaminooxidase (MAO) und Catechol-O-Methyltransferase (COMT)**.

> **Übrigens …**
> Zyankali, das Salz der Blausäure, ist ein Gift, das in der Atmungskette das Enzym **Cytochrom-c-Oxidase** hemmt.

Innerhalb der Membranen sitzen außerdem zahlreiche Transporterproteine (u. a. TIM und TOM = transporter inner membrane und transporter outer membrane), die für den Austausch von Metaboliten (Stoffwechselprodukten) zuständig sind. Die für die Mitochondrien bestimmten Proteine, die im Zytoplasma synthetisiert wurden, tragen z. B. eine spezifische Signalsequenz (Erkennungssequenz, Adressaufkleber) und werden damit in das Mitochondrium eingeschleust. Im Matrixraum wird dieses Signalpeptid durch eine Signalpeptidase entfernt.
Die innere Mitochondrienmembran ist reich an einem besonderen Fett, dem Cardiolipin, das sonst nur in Bakterienmembranen vorkommt. Die Antwort auf die Frage, warum es dann im Mitochondrium lokalisiert ist, gibt die **Endosymbiontentheorie**:
Diese Hypothese nimmt an, dass Mitochondrien ursprünglich Bakterien waren, die in andere Zellen aufgenommen wurden und dort fortan in einer symbiotischen Beziehung lebten. Die Bakterien sollen durch Endozytose in die Wirtszellen gelangt sein. Dies würde auch das Vorhandensein von **zwei Membranen** erklären, wobei die innere Membran sich von den Bakterien ableitet und daher passender Weise auch das spezifische **Bakterienlipid Cardiolipin** beinhaltet. Auch andere spezifische Eigenschaften der Mitochondrien lassen sich mit dieser Endosymbiontentheorie erklären:

– Mitochondrien haben ihr eigenes Genom (eine doppelsträngige zirkuläre DNA), die mehrfach vorhanden ist. Diese mtDNA zeichnet sich dadurch aus, dass sie quasi nackt (ohne Histonschutz) vorliegt; eine Eigenschaft, die auch bakterielle DNA hat (s. Skript Biologie 2). Die mtDNA besitzt etwa 16,5 kB (nicht kilobyte sondern kiloBasenpaare also 16 500 Basenpaare …) und codiert für 13 Proteine, die für die Atmungskette wichtig sind. Die Atmungskette wird aber nur teilweise über das mitochondriale Genom codiert, den Rest übernimmt die Kern-DNA. Weiterhin codiert die mtDNA für eigene tRNAs und rRNAs.
– Der genetische Code der mtDNA unterscheidet sich von dem der Kern-DNA, das bedeutet, dass teilweise andere Codons für Aminosäuren codieren.
– Mitochondriale Ribosomen zeigen ebenfalls einen bakterienähnlichen Aufbau. Es sind 70S-Ribosomen, während normale eukaryontische Ribosomen 80S-Ribosomen sind (s. a. 1.6.2, S. 20).
– Mitochondrien vermehren sich **azyklisch** (bezogen auf den Zellzyklus) durch einfache Teilung. So kann die Zelle auf vermehrte Belastungen reagieren und ihren Stoffwechsel anpassen.

> **Merke!**
>
> Zu Mitochondrien und Endosymbiontentheorie:
> – zwei Membranen, in der inneren Membran Bakterienlipid Cardiolipin,
> – eigene mtDNA, teilweise anderer genetischer Code,
> – 70S-Ribosomen.

Aufgrund der relativen Nähe der Atmungskette mit ihren gefährlichen Sauerstoff-Metaboliten, dem fehlenden Histonschutz und einem ineffizienten Reparaturmechanismus resultiert eine 10 mal höhere Mutationsrate der mtDNA als bei der Kern-DNA. Das ist eine mögliche Erklärung für bestimmte mitochondriale Erkrankungen. (Genaueres zu diesen Krankheiten wurde bislang im Physikum nicht gefragt.) Jedoch sollte man den Begriff **Heteroplasmie** kennen. Darunter versteht man ein Gemisch normaler und mutierter mtDNA innerhalb einer Zelle. Angenommen, eine Zelle habe 100 Mitochondrien. Mutiert in einem die mtDNA, enthält diese Zelle unterschiedliche mtDNA-Sequenzen, was als Heteroplasmie bezeichnet wird.

> **Merke!**
> – Die Aufteilung der Mitochondrien auf die beiden Tochterzellen bei der Zellteilung erfolgt zufällig.
> – Mitochondrien werden maternal (von der Mutter) vererbt (s. Abschnitt Spermatogenese S. 36).

1.6.2 Ribosomen

Ribosomen bestehen aus **rRNA** und **Proteinen**. Das eukaryontische 80S-Ribosom setzt sich aus einer 60S- und einer 40S-Untereinheit zusammen. Es ist üblich, die Sedimentationskoeffizienten der Ribosomen anstatt der Masse anzugeben. Diese S-Werte sind **NICHT additiv** (denn 60 + 40 gibt nicht 80).

Die beiden ribosomalen Untereinheiten lagern sich an einem Strang mRNA zusammen. An diesem Komplex können dann Proteine entstehen (s. 2.1.7, S. 51). Je nachdem, wo die zusammengesetzten Ribosomen lokalisiert sind, haben sie unterschiedliche Funktionen – Ribosom ist also nicht gleich Ribosom.

> **Merke!**
> Eukaryontische (80S-) und prokaryontische (70S-) Ribosomen sind unterschiedlich aufgebaut (s. Skript Biologie 2).

Lokalisation	Funktion
Zytoplasma	Hier liegen freie Ribosomen vor. An ihnen werden zytoplasmatische und nukleäre Proteine hergestellt. Freie Ribosomen, die mit demselben Strang mRNA assoziiert sind, nennt man auch **Polysomen**. Da sie alle dieselbe mRNA ablesen, produzieren sie das gleiche Protein.
rER	An den membrangebundenen Ribosomen werden Exportproteine, Membranproteine und lysosomale Proteine synthetisiert. Viel rER findet man z. B. in aktiven Drüsenzellen, da diese viele Exportproteine benötigen.
Mitochondrium	Die hier lokalisierten Ribosomen lesen die mRNA der mitochondrialen DNA (mtDNA) ab.

Tab. 3: Lokalisation von Ribosomen

1.6.3 Endoplasmatisches Retikulum (ER)

Das endoplasmatische Retikulum ist ein dreidimensionales, aus Membranen aufgebautes Hohlraumsystem innerhalb der Zelle. Das ER befindet sich im ständigen Umbau, so schaffen Membranen neue Formen und Vesikel werden abgegeben. Vereinfacht ausgedrückt dient das ER der Kompartimentierung von Stoffwechselräumen (für die Protein- und Steroidsynthese), dem Membranfluss und dem Transport von Stoffen. Zum Aufbau muss man sich merken, dass das ER im Bereich des Zellkerns in die äußere Kernmembran übergeht. Auf der anderen Seite steht es mit dem Golgi-Apparat in Verbindung. Morphologisch unterscheidet man
– das **rER** = rough ER = raues ER und
– das **sER** = smooth ER = glattes ER.
Diese beiden unterschiedlichen Arten des ER werden im Folgenden näher besprochen.

1.6.3 Endoplasmatisches Retikulum (ER)

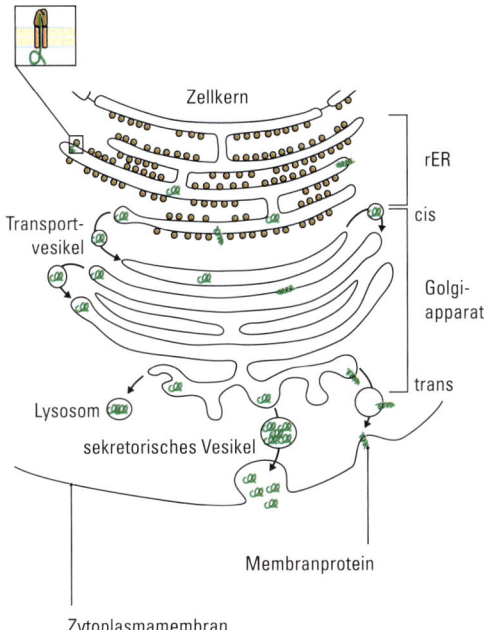

Abb. 20: Endoplasmatisches Retikulum

medi-learn.de/6-bio1-20

rER (raues endoplasmatisches Retikulum)

Die Aufgabe des rER ist es, Exportproteine, Membranproteine und auch lysosomale Proteine herzustellen. Zur Erinnerung: Proteine, die für das Zytoplasma oder den Zellkern bestimmt sind, werden von Polysomen synthetisiert (s. 1.6.2, S. 20 und Tab. 3, S. 20).
Das rER ist deshalb rau, weil es membrangebundene Ribosomen besitzt, die seine Oberfläche unter dem Elektronenmikroskop körnig aussehen lassen. Die Nissl-Schollen in den Nervenperikarien sind ebenfalls rER. Man nennt sie auch Tigroid, da sie unter dem Elektronenmikroskop ähnlich wie ein Tigerfell aussehen.

Doch wie gelangen die Ribosomen überhaupt auf das ER?
Zunächst muss sich ein Ribosom an einer mRNA zusammengesetzt haben, die ein **Signalpeptid** (eine Signalsequenz, Adressaufkleber) für das ER trägt. Solch eine Erkennungssequenz tragen die mRNAs, die für Proteine codieren, die – im Gegensatz zur polysomalen Translation – für den Export, die Membran oder für Lysosomen bestimmt sind.

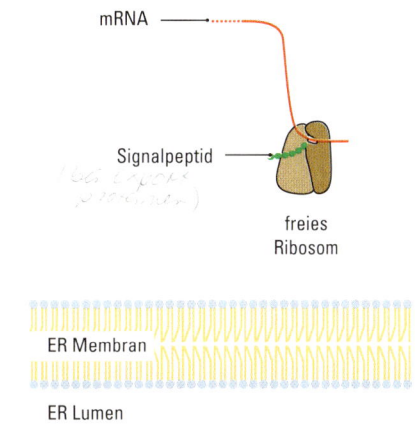

Abb. 21 a: Ribosom und Signalpeptid

medi-learn.de/6-bio1-21a

An dieses Signalpeptid bindet ein SRP (Signal Recognition Particle). Das SRP besteht u. a. aus einer speziellen RNA, der scRNA (small cytoplasmic RNA, s. Tab. 9, S. 48).

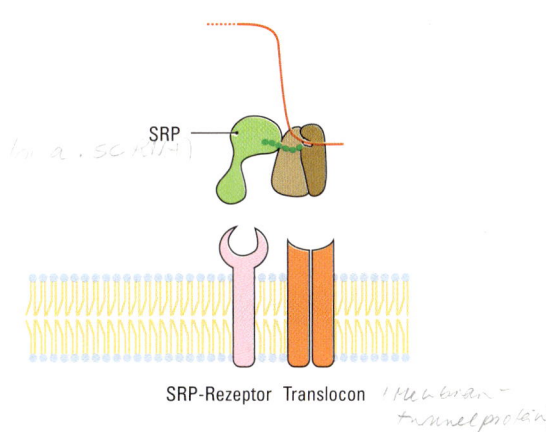

Abb. 21 b: Ribosom und SRP

medi-learn.de/6-bio1-21b

Dieses SRP bindet wiederum an einen SRP-Rezeptor, der in der Membran des ER sitzt. Dadurch wird das Ribosom auf einem Translocon (ein integrales Membrantunnelprotein)

1 Allgemeine Zytologie, Zellteilung und Zelltod

positioniert, durch das anschließend die synthetisierte Polypeptidkette ins Innere des rER abgegeben wird.

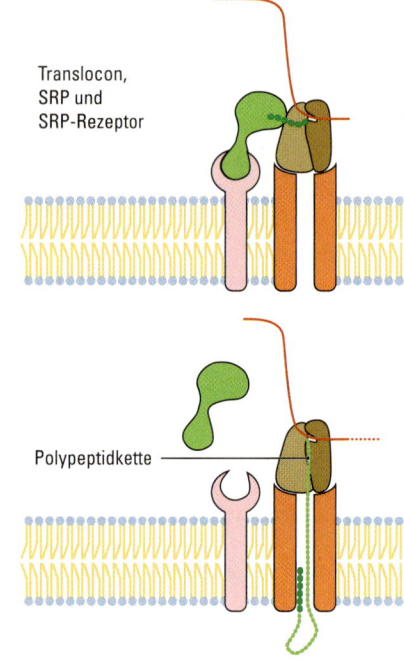

Abb. 21 c: Ribosom auf Translocon

medi-learn.de/6-bio1-21c

Da das SRP reversibel bindet, kann es nach getaner Arbeit wieder abdissoziieren. Die Signalsequenz wird noch während der Translation abgespalten, die fertige Polypeptidkette schließlich noch gefaltet und posttranslational modifiziert (z. B. N-Glykosylierung, s. 2.1.8, S. 51).

sER (glattes endoplasmatisches Retikulum)

Dort, wo keine Ribosomen gebunden sind, hat das ER eine glatte Oberfläche und wird daher sER (smooth ER) genannt.
Folgende Aufgaben des sER sind im schriftlichen Physikum von Bedeutung:
- **Biotransformation:** Entgiftung von schädlichen Stoffen sowie Inaktivierung von Arzneimitteln. Es kann aber auch zu einer Giftung, also einer Erhöhung der Toxizität,

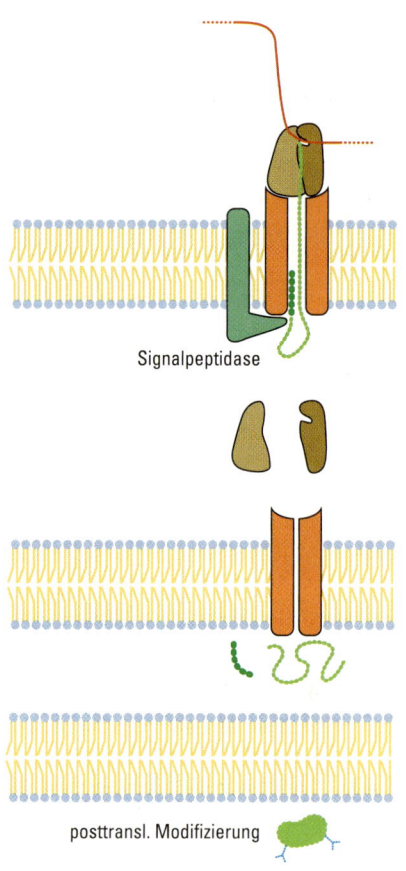

Abb. 21 d: Fertigstellung des Polypeptids

medi-learn.de/6-bio1-21d

kommen. Das Enzym **Cytochrom P450** spielt bei der Biotransformation eine große Rolle. Es kann durch bestimmte Stoffe induziert (mengenmäßig vermehrt) werden. Solche Induktoren sind z. B. **Barbiturate** und **Rifampicin**. Ein Beispiel für die klinische Bedeutung dieses Wissens: Orale Kontrazeptiva werden über das Cytochrom P450-System abgebaut. Wird dieses System induziert, so werden die Kontrazeptiva schneller abgebaut und somit unwirksam. Als Folge kann es zu einer unerwünschten Schwangerschaft kommen. Das Cytochrom P450 hat seinen Namen übrigens daher, dass es bei einer Wellenlänge von

450 nm fluoresziert. Weiteres zur Biotransformation findet ihr im Skript Biochemie 7.
- **Fettstoffwechsel:** Synthese von Steroidhormonen und Phospholipiden.
- **Calciumspeicher**, vor allem in der Muskulatur. Im Muskelgewebe nennt man das glatte ER auch sarkoplasmatisches Retikulum (von griech. sarkos: Muskelfleisch).

> **Merke!**
>
> Das sER kann jederzeit durch Anlagerung von Ribosomen in ein rER umgewandelt werden.

1.6.4 Golgikomplex (Golgi-Apparat)

Der Golgi-Apparat setzt sich aus mehreren Stapeln glattwandiger Membransäckchen zusammen. Diese einzelnen Stapel bezeichnet man als Diktyosomen oder Zisternen. Der Golgi-Apparat ist polar aufgebaut und besitzt eine Bildungs(cis)-Seite und eine Abgabe(trans)-Seite. Er dient der Reifung, Sortierung und Verpackung von Proteinen. Zur cis-Seite werden Vesikel mit Proteinen vom rER transportiert. Innerhalb des Golgi-Komplexes wird die schon im rER begonnene posttranslationale Proteinmodifizierung fortgeführt (z. B. eine O-Glykosylierung, Sulfatierung oder Phosphorylierung). Diese Aufgabe übernehmen die Enzyme des Golgi-Apparats, u. a. das Leitenzym Galactosyl-Transferase. Vesikel, deren Inhalt zur Exozytose bestimmt ist, werden durch den Golgi-Apparat per vesikulärem Transport bis zur trans-Seite weitergeleitet. Dort schnüren sich die Vesikel ab und wandern zur Zytoplasmamembran, mit der sie verschmelzen. Dabei wird ihr Inhalt (z. B. Hormone oder Sekrete) freigesetzt. Aufgrund der Membranverschmelzung werden bei der Exozytose ständig neue Membrananteile in die Zellmembran integriert. Auf diese Weise können auch Transporter und Rezeptoren in die Zytoplasmamembran eingebaut werden. Der zytoplasmatische Teil eines Proteins bleibt dabei zum Zytoplasma gerichtet, während der Anteil des Proteins, der in die Vesikel ragt, später in den Extrazellulärraum weist. Für **glykosylierte Proteine**, die ihren Zuckerbaum im Inneren des Vesikels tragen, wird dadurch gewährleistet, dass dieser später auch korrekt nach außen gerichtet ist. Doch woher wissen die Proteine, wo sie hin sollen? Diese Zielsteuerung geschieht über **Signalpeptide** und **Signalzucker**, die von Rezeptoren erkannt werden und so den weiteren Weg eines Proteins festlegen.

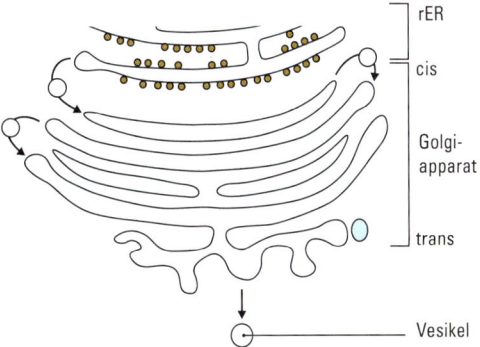

Abb. 22: Golgi-Apparat   *medi-learn.de/6-bio1-22*

Nach Erfüllung ihrer Aufgabe werden diese Signalsequenzen durch Signalpeptidasen abgespalten. Mannose-6-Phosphat stellt z. B. eine solche Signalgruppe für lysosomale Proteine dar. Diese werden dadurch sicher zu ihrem Ziel – den Lysosomen – geleitet.

> **Merke!**
>
> Die Hauptzielorte der Proteine aus dem Golgi-Apparat sind der Extrazellulärraum, die Plasmamembran und die Lysosomen.

1.6.5 Exkurs: Rezeptorvermittelte Endozytose

Die rezeptorvermittelte Endozytose läuft in charakteristischen Schritten ab:
1. Zunächst binden sich in einer bestimmten Region der Zellmembran die aufzunehmenden Stoffe an spezifische Rezeptoren.

1 Allgemeine Zytologie, Zellteilung und Zelltod

2. Diese Bindung bewirkt, dass sich **Clathrinmoleküle** auf der zytoplasmatischen Seite der Membran anlagern, was zu einer Einfaltung führt, die man **Coated Pit** nennt.
3. Die Clathrinmoleküle haben das Bestreben, eine hexagonale, fast kugelige Struktur auszubilden, wodurch ein Vesikelbläschen, ein **Coated Vesicle**, entsteht, das in die Zelle schwimmt.
4. Dort angekommen, diffundieren die Clathrinmoleküle von der Vesikelmembran ab (uncoating) und der Vesikel reift dadurch zum Endosom heran.

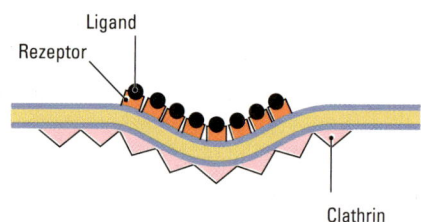
Coated Pit

> **Merke!**
>
> – Als **Transzytose** bezeichnet man einen vesikulären Transport durch die Zelle (z. B. durch einen Enterozyten) hindurch. Auf der einen Seite werden die Stoffe mittels Endozytose aufgenommen, auf der anderen Seite durch Exozytose abgegeben.
> – Als **Pinozytose** bezeichnet man den Transport flüssiger Stoffe in die Zelle hinein.

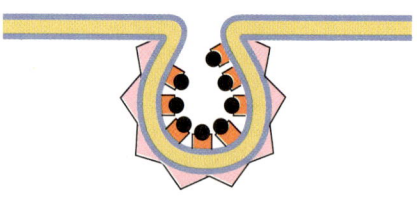

1.6.6 Exkurs: Phagozytose

Durch Phagozytose können Makrophagen und immunkompetente Leukozyten größere feste Partikel und sogar ganze Zellen ab einem Durchmesser von ca. 250 nm aufnehmen. Dazu umfließen die phagozytierenden Zellen den aufzunehmenden Partikel und schnüren ihn anschließend nach intrazellulär ab. Eine Voraussetzung zur Phagozytose ist das koordinierte Zusammenspiel der kontraktilen Filamente Aktin und Myosin, die das Umfließen erst ermöglichen.

Coated Vesicle

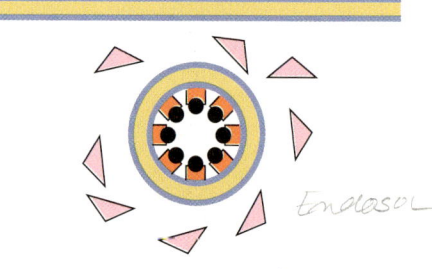
Abdiffusion der Clathrinmoleküle = uncoating

1.6.7 Lysosomen

Die Lysosomen werden vom Golgi-Apparat gebildet. Sie sind membranumgrenzte Organellen, die für den Materialabbau zuständig sind.

Abb. 23: Rezeptorvermittelte Endozytose
medi-learn.de/6-bio1-23

Zu diesem Zweck enthalten sie als Enzyme **saure Hydrolasen**. Diese Enzyme arbeiten – wie der Name schon vermuten lässt – im sauren pH-Bereich (pH 4–5), welcher in der Organelle durch eine **H⁺-ATPase** generiert wird. Wird ein Lysosom zerstört und die enthaltenen Enzyme freigesetzt, so ist der Schaden in der Regel nicht allzu groß, da diese Enzyme im Zytosol (pH ~ 7) nicht in ihrem pH-Optimum arbeiten.

Je nachdem welche Stoffe aufgenommen werden, unterscheidet man:
- **Autolysosomen** bauen überaltertes zelleigenes Material ab und
- **Heterolysosomen** verdauen unerwünschtes Fremdmaterial.

Leere Lysosomen, die noch nicht mit „Abfall" gefüllt sind, nennt man **primäre** Lysosomen. Aus diesen entstehen nach Aufnahme von abzubauendem Material die **sekundären** Lysosomen.

Unverdauliches oder unverwertbares Material landet in den **Telolysosomen**, die auch als **Residualkörper** oder **tertiäre Lysosomen** bezeichnet werden. Telolysosomen können als Pigmente in der Zelle endgelagert werden und akkumulieren mit zunehmendem Alter einer Zelle (z. B. in alten Nervenzellen). Bekanntestes Beispiel ist das braungelbe Alterspigment **Lipofuszin**. Es besteht aus nicht mehr für den Körper verwertbaren Granula, die von einer Doppelmembran umgeben sind. Man findet es besonders in **älteren Zellen**, die sich nicht mehr teilen und sich damit in der G_0-Phase befinden.

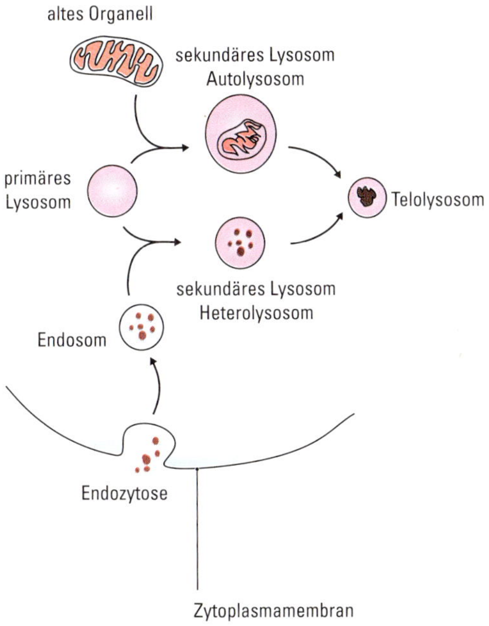

Akrosomen sind eine Sonderform von Lysosomen, die im Spermienkopf vorkommen, sprich die Lysosomenäquivalente der Spermien. Sie besitzen ebenfalls hydrolysierende Enzyme, die sie allerdings für die Durchdringung der Corona radiata und der Zona pellucida der Eizelle benötigen.

Melanosomen sind ebenfalls Verwandte der Lysosomen. Sie speichern das Pigment Melanin und werden von Melanozyten in der Haut gebildet. Die Melanozyten geben die Melanosomen an die sie umgebenden (Haut-) Keratinozyten ab, die dadurch vor UV-Strahlen geschützt werden.

1.6.8 Peroxisomen

Peroxisomen (Microbodies) sind membranbegrenzte Organellen, die besonders zahlreich in Leber- und Nierenzellen vorkommen. Sie enthalten die Enzyme **Katalase** und **Peroxidase**, die dem Abbau von intrazellulär entstandenem H_2O_2 (Wasserstoffperoxid) dienen. Leberperoxisomen sind daneben auch in den **Fettstoffwechsel** involviert und bauen besonders lange Fettsäuren ab.

> **Merke!**
>
> Die durch die Katalase enzymatisch katalysierte Reaktionsgleichung lautet: $2\,H_2O_2 \rightarrow 2\,H_2O + O_2$

Daneben werden in Peroxisomen auch **Plasmalogene (Etherlipide)** synthetisiert. Sie gehören zu den häufigsten Phospholipiden der Myelinscheiden von Axonen.

Abb. 24: Lysosomen *medi-learn.de/6-bio1-24*

DAS BRINGT PUNKTE

Das Thema Zytologie erfreut sich regelmäßig großer Beliebtheit unter den fragenformulierenden Professoren. Unbedingt merken sollte man sich daher zum Unterthema **Zell-Zell-Kontakte**, dass

- die Zonula occludens (Strukturproteine = Occludine) zwei Hauptfunktionen hat, und zwar:
    - als Permeabilitätsbarriere und
    - zur Zellkompartimentierung.
- die Zonula adhaerens und die Macula adhaerens prinzipiell gleichartig aufgebaut sind (interzelluläres Kittmaterial – Plaque – Verbindung nach intrazellulär), Unterschiede aber zum einen in der Ultrastruktur der Proteinkomponenten liegen und zum anderen die Macula adhaerens punktförmig und die Zonula adhaerens streifenförmig aufgebaut ist.
- die Gap Junctions aus je zwei Connexonen bestehen (ein Connexon ist wiederum aus sechs Connexinen aufgebaut). Gap Junctions verbinden die Zytoplasmaräume verschiedener Zellen miteinander und können sie so metabolisch und elektrisch koppeln.

Für das Unterthema **Zytoskelett** ist absolut wissenswert, dass

- nach zunehmender Größe Mikrofilamente < Intermediärfilamente < Mikrotubuli unterschieden werden.
- Mikrofilamente hauptsächlich aus Aktin bestehen und mechanische Aufgaben erfüllen.
- Intermediärfilamente ortsspezifisch sind (s. Tab. 2, S. 11) und ebenfalls mechanische Aufgaben haben.
- Mikrotubuli aus Tubulinen bestehen und dass sie zum einen für Transportprozesse (Motorproteine Dynein und Kinesin) aber auch für die strukturelle Integrität der Zelle wichtig sind. Außerdem sind Mikrotubuli an der Ausbildung von Kinozilien (Oberflächendifferenzierung) und des Spindelapparats (Zellteilung) beteiligt.

Bei den Themen **Zellkern** und **Zytoplasma** sollte man sich folgende Fakten gut merken:

- Der Zellkern ist die Steuerzentrale der Zelle; er enthält die DNA.
- Der Zellkern ist durch eine Doppelmembran – die Kernhülle – vom Zytoplasma abgegrenzt. Diese Hülle kann auf der Außenseite mit dem rER in Verbindung stehen, auf der Innenseite wird sie durch die Kernlamina unterstützt. In der Hülle befinden sich Kernporen.
- Der Nukleolus (Kernkörperchen) ist nicht (!) von einer Membran umgeben. Er besteht aus RNA und Proteinen.
- Caspasen sind spezielle Proteasen, die nach ihrer Aktivierung zur Apoptose führen.
- Das Proteasom ist ein fassförmiger Komplex, der ubiquitinmarkierte Proteine abbaut. Es werden solche Proteine markiert, die alt oder fehlgefaltet sind.

Zu den **Zellorganellen** ist folgendes Wissen unabdingbar:

- Mitochondrien haben zwei Membranen, dadurch entstehen der Matrixraum und der Intermembranraum (s. Abb. 19, S. 18).
- Mitochondrien enthalten Enzyme der Atmungskette, der β-Oxidation und des Citratzyklus.
- Mitochondrien haben ihre eigene DNA – die mtDNA.
- Als Heteroplasmie bezeichnet man einen mutationsbedingten intraindividuellen Mix verschiedener mtDNA-Sequenzen.
- Man unterscheidet 70S- (prokaryontische) und 80S- (eukaryontische) Ribosomen.
- Man unterscheidet freie (zytoplasmatisch lokalisierte) und membrangebundene (am rER) Ribosomen. Freie Ribo-

DAS BRINGT PUNKTE

- somen synthetisieren Proteine für den Eigenbedarf, membrangebundene Ribosomen meist Exportproteine (aber auch z. B. lysosomale Proteine).
- Das sER (glattes endoplasmatisches Retikulum) ist in die Biotransformation und den Fettstoffwechsel involviert. Zusätzlich dient es als Calciumspeicher.
- Der Golgi-Apparat dient der Reifung und Sortierung von Proteinen. Man unterscheidet eine cis-(Bildungs-) und eine trans-(Abgabe-)Seite.
- Lysosomen bauen zelleigenes oder fremdes Material ab. Man nennt sie folglich Autolysosomen oder Heterolysosomen. Für den Materialabbau benutzen sie saure Hydrolasen.
- Die Akrosomen der Spermien und auch Melanosomen sind Lysosomen-Äquivalente.
- Peroxisomen bauen intrazellulär entstandenes H_2O_2 ab. Dafür benutzen sie die Enzyme Katalase und Peroxidase.

FÜRS MÜNDLICHE

Zu den aufgeführten Unterkapiteln der Zytologie findest du hier nun die Fragen aus unserer mündlichen Prüfungsprotokoll-Datenbank. Nutze die Fragen für dich allein oder zusammen mit deiner Lerngruppe.

1. **Erklären Sie bitte, wie eine Zellmembran aufgebaut ist.**
2. **Nennen Sie bitte die wichtigsten Zell-Zell-Kontakte einer Epithelzelle.**
3. **Erläutern Sie mir bitte, wie eine Zonula occludens aufgebaut ist.**
4. **Wo finden Sie Desmosomen und welche Aufgaben haben diese Zell-Zell-Kontakte?**
5. **Sagen Sie, was ist das Zytoskelett?**
6. **Erläutern Sie bitte, wie eine Kinozilie aufgebaut ist.**
7. **Wie sehen Ihrer Meinung nach die einzelnen Zytoskelettanteile morphologisch in der Zelle aus?**
8. **Erläutern Sie bitte den Unterschied zwischen Euchromatin und Heterochromatin.**
9. **Welche mitochondrialen Eigenschaften bringen Sie mit der Endosymbiontentheorie in Verbindung?**
10. **Erklären Sie bitte den Ablauf einer rezeptorvermittelten Endozytose.**
11. **Was sind Lysosomen? Nennen Sie bitte ihre Aufgabe.**

1. Erklären Sie bitte, wie eine Zellmembran aufgebaut ist.
Die Zellmembran besteht aus einer Phospholipiddoppelschicht. In diese Schicht sind Proteine wie bei einem Flickenteppich eingewebt (Fluid-Mosaik-Modell).

(Man kann natürlich noch weiter ausholen und den Aufbau eines Phospholipids sowie von Mono- und Bilayern beschreiben (s. 1.2.2, S. 2).

FÜRS MÜNDLICHE

2. Nennen Sie bitte die wichtigsten Zell-Zell-Kontakte einer Epithelzelle.
- Zonula occludens (Tight Junction)
- Zonula adhaerens
- Macula adhaerens (Desmosomen)
- Gap Junction (Nexus)

3. Erläutern Sie mir bitte, wie eine Zonula occludens aufgebaut ist.
Eine Zonula occludens (Tight Junction) ist eine Zell-Zell-Verbindung, die den Interzellulärraum stark einengt. Solch eine Verbindung besteht aus Occludinen und Claudinen. Eine Zonula occludens kann zum einen eine Zellpolarität (apikal vs. basolateral) aufbauen und zum anderen den parazellulären Transport von Molekülen einschränken.

4. Wo finden Sie Desmosomen und welche Aufgaben haben diese Zell-Zell-Kontakte?
Desmosomen kommen z. B. im Herzgewebe an den Glanzstreifen oder auch in der Epidermis der Haut vor. Sie haben mechanische Aufgaben und stellen eine starke und belastbare Zell-Zell-Verbindung dar.

5. Sagen Sie, was ist das Zytoskelett?
Das Zytoskelett besteht aus verschiedenen Proteinen, die innerhalb der Zelle für Stabilität sorgen. Einige Proteine haben auch spezifische Aufgaben. Im Einzelnen unterscheidet man:
- Mikrofilamente
- Intermediärfilamente
- Mikrotubuli

6. Erläutern Sie bitte, wie eine Kinozilie aufgebaut ist.
Kinozilien enthalten Mikrotubuli, Speichenproteine, Nexin und das Motorprotein Dynein. Letzteres wird für den Zilienschlag benötigt. Ultrastrukturell lassen sich drei Zonen unterscheiden: Basalkörperchen (Kinetosom), Intermediärzone und Achsenfaden.

Kinozilien kommen z. B. im Respirationstrakt vor, wo sie mittels gerichtetem Schlag den Schleim aus den Atemwegen transportieren. Beim Kartagener-Syndrom sind die Kinozilien beeinträchtigt und es kommt z. B. zu chronischen Bronchitiden.

7. Wie sehen Ihrer Meinung nach die einzelnen Zytoskelettanteile morphologisch in der Zelle aus?
Mikrofilamente bilden ein wabenartiges Muster, sie sind an den Zellgrenzen konzentriert. Intermediärfilamente sind recht gleichmäßig angeordnet. Mikrotubuli hingegen weisen ein sternförmiges Wuchsmuster auf.

8. Erläutern Sie bitte den Unterschied zwischen Euchromatin und Heterochromatin.
Euchromatin ist die aktive Form des Chromatins. Das genetische Material liegt relativ locker vor und kann gut abgelesen werden. Heterochromatin hingegen ist wesentlich höher spiralisiert. Da es nicht abgelesen wird, kann man es als inaktives genetisches Material beschreiben. Euchromatin erscheint im Mikroskop heller als Heterochromatin.

9. Welche mitochondrialen Eigenschaften bringen Sie mit der Endosymbiontentheorie in Verbindung?
Die Endosymbiontentheorie besagt, dass Mitochondrien ursprünglich Bakterien waren, die in andere Zellen aufgenommen wurden. Von diesem Zeitpunkt an lebten sie in einer symbiotischen Beziehung. Mitochondrien haben also noch einige Relikte aus ihrer prokaryontischen Vergangenheit zu bieten:
- Mitochondrien haben ihr eigenes Genom. Dieses ist, wie bei Bakterien, doppelsträngig und ringförmig.
- Mitochondriale Ribosomen zeigen ebenfalls einen bakterienähnlichen Aufbau (70S-Ribosomen).
- (Weitere Relikte s. 1.6.1, S. 18).

FÜRS MÜNDLICHE

10. Erklären Sie bitte den Ablauf einer rezeptorvermittelten Endozytose.

Die Stoffe, die aufgenommen werden sollen, binden sich zunächst über spezifische Rezeptoren an die Zellmembran. Durch diese Bindung lagern sich Clathrinmoleküle an der Innenseite der Membran an. Sie bewirken eine Einfaltung – ein Coated Pit entsteht. Diese Einfaltung rundet sich nun zu einem Vesikelbläschen ab – ein Coated Vesicle entsteht. Im Anschluss diffundieren die Clathrinmoleküle vom Membranbläschen ab.

11. Was sind Lysosomen? Nennen Sie bitte ihre Aufgabe.

Lysosomen sind Organellen in denen zelleigenes oder fremdes Material abgebaut wird (Auto- vs. Heterolysosomen). Zu diesem Zweck besitzen die Lysosomen saure Hydrolasen.

Ein Lysosom, das noch keine Abbaustoffe aufgenommen hat, bezeichnet man als primäres Lysosom, nach Aufnahme abzubauender Stoffe wird es zum sekundären Lysosom.

Pause

Alles nur eine Frage der Perspektive ...
Zeit für eine lange Pause!

1 Allgemeine Zytologie, Zellteilung und Zelltod

1.7 Zellvermehrung und Keimzellbildung

In diesem Kapitel geht es um die Methoden, mit denen sich Zellen vermehren können. Dieser Abschnitt ist absolut prüfungsrelevant, da Fragen zur Mitose und/oder Meiose bislang in nahezu jedem Physikum vorkamen.
Beginnen wir daher den munteren Reigen mit dem Zellzyklus …

1.7.1 Zellzyklus

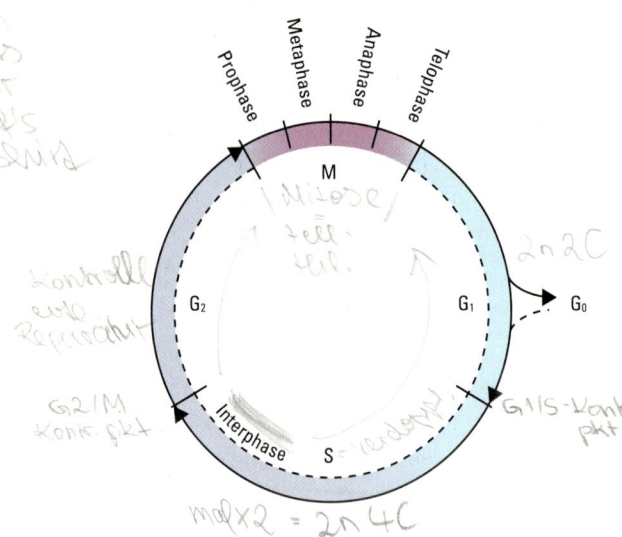

Abb. 25: Zellzyklus — medi-learn.de/6-bio1-25

Zellen, die sich vermehren, durchlaufen einen Zellzyklus. Man teilt ihn in vier verschiedene Phasen ein: **$G_1 \rightarrow S \rightarrow G_2 \rightarrow M$**. Zusätzlich gibt es ein **G_0**-Stadium. Die Phasen G_1, S und G_2 bezeichnet man auch als **Interphase**.
Ein Zellzyklus kann je nach Zellart unterschiedlich lange dauern. Zwei Beispiele aus dem Epithelbereich: Das Darmepithel braucht drei bis vier Tage, das verhornte Plattenepithel der Haut bis zu 30 Tage, um sich vollständig zu erneuern.

> **Übrigens …**
> Bei einer Krebsbehandlung mit Zytostatika gehen neben den Tumorzellen auch solche Zellen zugrunde, die physiologischerweise eine hohe Teilungsrate haben. Eine gefürchtete Nebenwirkung sind daher heftigste, blutige Durchfälle.

G_1-Phase	S-Phase	G_2-Phase	M-Phase
„Gap" (engl. Lücke)	**S**ynthese	„Gap" (engl. Lücke)	**M**itose
	Interphase		
Wachstumsphase oder →G_0-Stadium	DNA-Verdopplung	Kontrollphase	Zellteilung

Tab. 4: Übersicht Zellzyklus

G_1-Phase

Die G_1-Phase ist eine Wachstumsphase von variabler Dauer. Sie beginnt direkt im Anschluss an die Zellteilung und ist durch eine hohe Protein- und RNA-Syntheserate gekennzeichnet. Dabei werden neben Strukturproteinen auch die Proteine hergestellt, die für die anschließende S-Phase von Nöten sind, z. B. Replikationsenzyme für die DNA und Proteine des Spindelapparats.
Am Ende der G_1-Phase befindet sich der G_1/S-Kontrollpunkt. Nur wenn alle Voraussetzungen für die Synthesephase erfüllt sind, kann die Zelle ihn passieren und in die S-Phase eintreten.
Zellen, die sich nicht weiter teilen, können von der G_1-Phase in ein G_0-Stadium gelangen. In diesem Ruhestadium können sie geraume Zeit verweilen und anschließend wieder zurück in den Zellzyklus eintreten. Nur den Zellen, die eine **terminale Differenzierung** durchgemacht haben (z. B. adulte Nervenzellen), bleibt der Weg zurück für immer versperrt …

1.7.1 Zellyklus

Bevor du dich der S-Phase des Zellzyklus widmest, hier noch die Definition zweier sehr wichtiger Buchstaben: Was bedeuten „**n**" und „**C**" im Zusammenhang mit Zellvermehrung?
- n steht für den **Chromosomensatz**: 1n ist die Bezeichnung für einen haploiden (einfachen) Chromosomensatz, 2n bezeichnet einen diploiden (doppelten) Chromosomensatz.
- **C** steht für **Chromatide**. Als Chromatide bezeichnet man einen DNA-Strang, der ein Chromosom aufbaut. Ein Chromosom kann aus einem oder zwei Chromatiden bestehen. Folgerichtig bezeichnet man es dann auch als ein- oder zweichromatidiges Chromosom (s. a. Abb. 26, S. 31).

Die Chromosomen einer Körperzelle in der Interphase werden durch den Term 2n 2C charakterisiert. 2n 2C bedeutet zunächst, dass wir Menschen einen diploiden Chromosomensatz haben (2n).

Da in der Interphase einchromatidige Chromosomen vorliegen, könnte man fälschlicherweise denken, dass im Term 1C stehen müsse. Richtig ist jedoch 2C, da wir einen diploiden Chromosomensatz haben, und die einchromatidigen Chromosomen folglich zweimal vorliegen.

In der S-Phase wird die DNA verdoppelt. Zu beachten ist, dass der Chromosomensatz sowohl in der G_1-Phase als auch in der S-Phase **diploid** (2n) vorliegt. Es haben sich nämlich nur die Chromatiden verdoppelt (von 2C zu 4C). Neben der DNA werden auch ein paar Proteine in der S-Phase produziert. Hier sollte man sich die Histone merken.

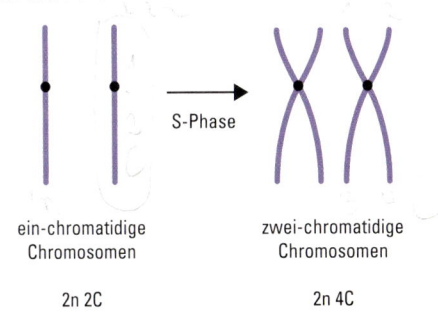

> **Merke!**
>
> In der G_1- und G_0-Phase besteht ein Chromosom aus einem, in der G_2-Phase aus zwei Chromatiden. Eine Reduktion auf einen haploiden Chromosomensatz findet nur bei der Meiose (s. 1.7.3, S. 35) statt.

Übrigens ...
Das Tumorsuppressorgen (Anti-Onkogen) p53 verhindert mittels seines Genproduktes Protein p53 bei DNA-Schäden den Eintritt der betroffenen Zellen in die S-Phase des Zellzyklus und damit die Vermehrung der Zellen. Defekte des p53-Gens erhöhen daher das Tumorrisiko. Bei Keimbahnmutationen des p53-Gens, wie z. B. dem Li-Fraumeni-Syndrom, erkranken die Betroffenen überdurchschnittlich häufig an Krebs, z. B. an Mammakarzinom.

G_2-Phase

Nach der Synthesephase gelangt die Zelle in die relativ kurze G_2-Phase. Hier werden die letzten Vorbereitungen für die anstehende Mitose getroffen. Analog zur G_1-Phase gibt es wieder einen wichtigen Kontrollpunkt = G_2/M-Kontrollpunkt. Nur wenn die DNA einwandfrei repliziert oder nach fehlerhafter **Replikation** in der G_2-Phase repariert wurde, wird die Mitose eingeleitet.

M-Phase

In der Mitose-Phase kommt es zur Zellteilung. Die einzelnen Stadien werden nach einem kleinen Exkurs im folgenden Kapitel ausführlich besprochen.

ein-chromatidige Chromosomen
2n 2C

S-Phase

zwei-chromatidige Chromosomen
2n 4C

Abb. 26: S-Phase   medi-learn.de/6-bio1-26

1 Allgemeine Zytologie, Zellteilung und Zelltod

Exkurs: Regulation des Zellzyklus durch CDKs und Cycline

Der Zellzyklus wird in seinem Ablauf sehr genau reguliert. Hieran sind **Cyclin-abhängige Kinasen** (engl. = **cyclin-dependent kinases**, kurz: **CDKs**) beteiligt. Die unterschiedlichen CDKs sind zwar den gesamten Zellzyklus über exprimiert, werden aber nur bei Komplexbildung mit passenden Cyclinen aktiv und phosphorylieren dann eine Vielzahl anderer Proteine.

Beim Übergang von der G_2-Phase in die M-Phase ist **CDK1/Cyclin B** beteiligt. Dieser Komplex wird auch **mitosis promoting factor (MPF)** genannt. In seiner aktiven Form phosphoryliert MPF verschiedenste Proteine, die an der Mitose beteiligt sind: Proteine der Mitosespindel, Histon H1 und weitere Enzyme. Dieser Komplex kann durch drei Wege inaktiviert werden:
- durch proteolytischen Abbau,
- durch weitere Phosphorylierung eines Threonin- und Tyrosinrests oder
- durch einen CDK-Inhibitor.

Die Regulation der CDK1 wird exemplarisch für die anderen CDKs in Abb. 27, S. 32 verdeutlicht.

Beim Übergang von der G_1-Phase zur S-Phase sind CDK4/Cyclin D beteiligt.

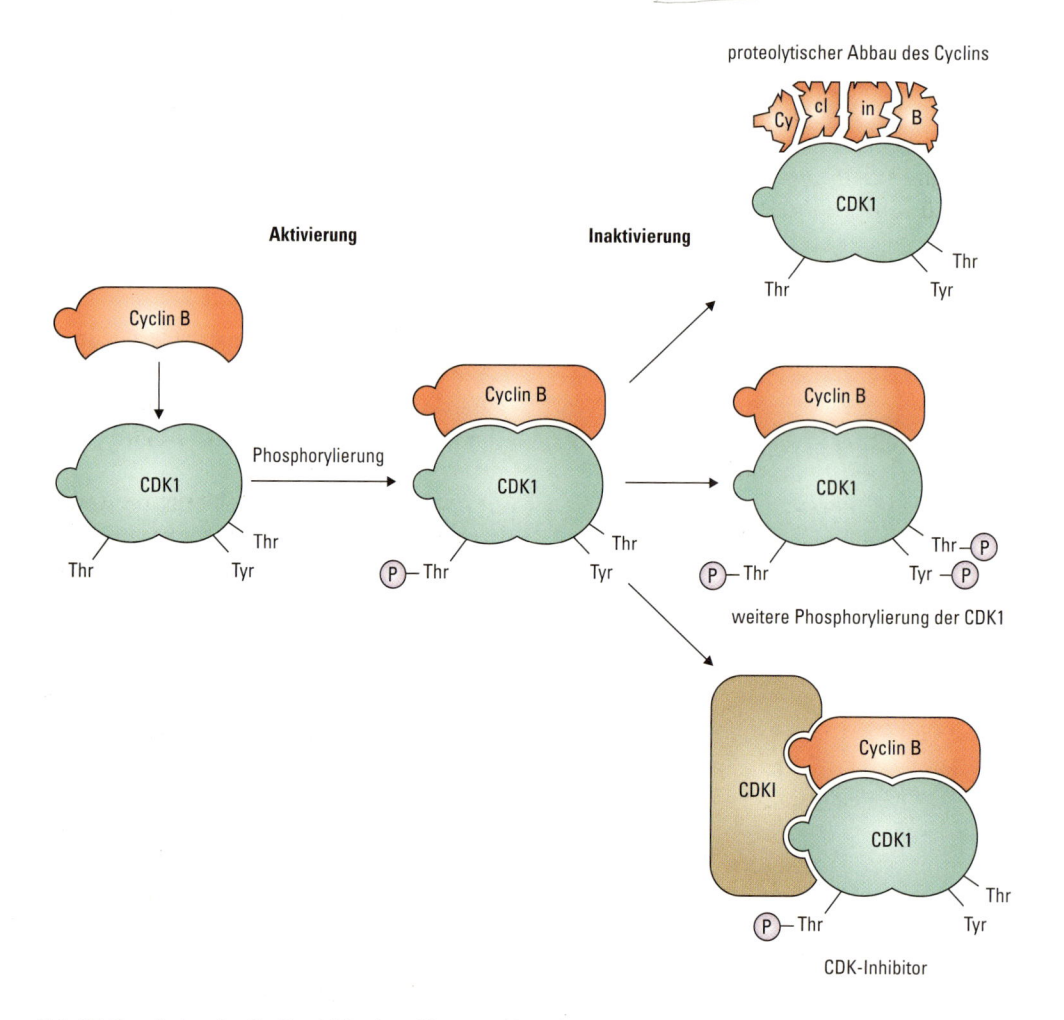

Abb. 27: Regulation der Cyclin-abhängigen Kinase 1 (CDK1)

1.7.2 Mitose

Die Mitose führt zur Ausbildung von zwei genetisch identischen Tochterzellen. Sie kann nur ablaufen, wenn vorher im Rahmen des Zellzyklus das genetische Material verdoppelt wurde. Somit liegt zu Beginn der Zellteilung (nach der S-Phase) ein diploider (zweichromatidiger) Chromosomensatz vor:

	Chromosomensatz	DNA-Gehalt
Körperzelle	2n	2C
Körperzelle nach S-Phase	2n	4C
Tochterzellen	2n	2C

Tab. 5: Mitose

Morphologisch und funktionell lässt sich die Mitose in fünf Stadien einteilen (s. IMPP-Bild 2, S. 62):

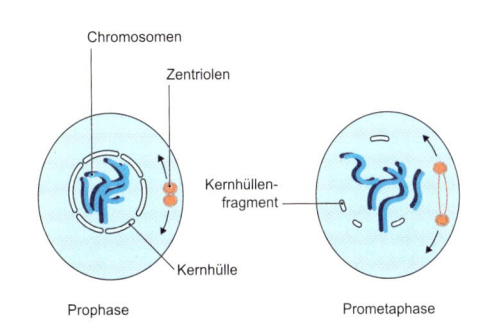

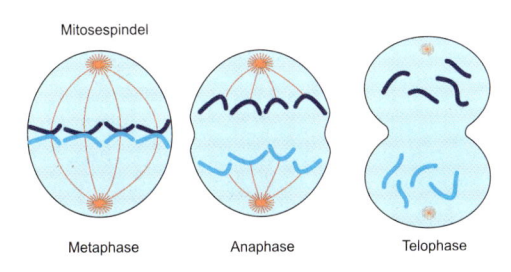

Abb. 28: Mitosestadien — medi-learn.de/6-bio1-28

1. **Prophase**
   - Kondensation der Chromosomen.
   - Zentriolen beginnen sich zu teilen.
   - Auflösung des Nukleolus.

2. **Prometaphase**
   - Auflösung der Kernhülle.
   - Spindelapparat formiert sich.

3. **Metaphase**
   - Maximale Kondensation der Chromosomen.
   - Anordnung der Chromosomen in der Teilungsebene/Äquatorialebene.
   - Spindelapparat ist fertig ausgebildet (ausgehend von den Zentriolen bis zu den Kinetochoren, s. a. Tab. 11, S. 53).

4. **Anaphase**
   - Trennung der Schwesterchromatiden.
   - Bewegung der Chromatiden in Richtung Spindelpole.

5. **Telophase**
   - Ausbildung neuer Kernhüllen.
   - Ausbildung von Nukleoli.
   - Entspiralisierung des genetischen Materials.
   - Formierung des Nukleolus und damit Wiederaufnahme der rRNA-Synthese.

Am Ende schließt die **Zytokinese** die Mitose ab. Dabei schnüren kontraktile Aktin- und Myosinfilamente die Zelle auf Höhe der Äquatorialebene in der Hälfte ab. Die Zytokinese fängt schon parallel zur späten Telophase an.

Bislang fehlte in der deutschen Lehrbuchliteratur meist die Prometaphase, da die Fragmentierung der Kernhülle zur Prophase gerechnet wurde. Somit gab es auch nur vier Stadien. Mittlerweile wird allerdings genau diese Kernhüllenfragmentierung als Alleinstellungsmerkmal einer fünften Phase – der Prometaphase – gesehen.

Übrigens ...
Als **Mitoseindex** versteht man die Rate an Mitosen pro z. B. 100 oder

1000 Zellen. Sie ist ein Maß für die Proliferation eines Gewebes. Bei Krebszellen ist der Mitoseindex je nach Malignitätsgrad mitunter sehr stark erhöht.

Endomitose

Bei der Endomitose wird **KEINE Zellteilung** durchgeführt. Der Chromosomenverdopplung folgt daher weder die Auflösung der Kernhülle noch die Spindelbildung. Somit verbleiben alle Tochterchromosomen im Mutterkern, der nun die doppelte Chromosomenanzahl enthält.

> **Merke!**
>
> Endomitose findet beim Menschen häufig in funktionell stark beanspruchten Zellen statt, z. B. in den Hepatozyten der Leber und den Megakaryozyten des Knochenmarks.

Amitose

Unter Amitose versteht man die Bildung von Tochterzellen durch **Zellkerndurchschnürung**. Auch hier wird weder die Kernhülle aufgelöst, noch ein Spindelapparat gebildet, vielmehr wird der Kern fraktioniert.

Synzytium

Synzytien (mehrkernige Zellverbände) entstehen durch sekundäre Zellfusion, bei der die Zellmembranen der beteiligten Zellen miteinander verschmelzen. Dies findet z. B. an der quergestreiften Muskulatur statt und führt dazu, dass eine solche Zelle mehrere Hundert Kerne haben kann.

Exkurs: Praktische Anwendung

Stellen wir uns folgendes Gedankenexperiment vor: Würde man 1 000 000 menschliche Bindegewebszellen auf ihren DNA-Gehalt untersuchen, so würde dieser 2C sein, wenn sich alle Zellen in der G_1- oder G_0-Phase befänden. Das wird aber in unserem Körper kaum der Fall sein, denn die Bindegewebszellen teilen sich natürlich. Somit sind von den 1 000 000 Zellen einige in der S-Phase, andere in der G_2-Phase und wieder andere in der M-Phase. In der S-Phase ist die DNA im Begriff verdoppelt zu werden. Der DNA-Gehalt einer Zelle in der S-Phase liegt daher zwischen 2C und 4C. Die Zellen, die die S-Phase durchlaufen haben (G_2-Phase und M-Phase), haben den doppelten DNA-Gehalt von 4C. Wird die Zellteilung mit der Zytokinese vollzogen, beträgt der DNA-Gehalt einer einzelnen Zelle wieder 2C.

Isoliert man solche Bindegewebszellen (Fibroblasten) und lässt sie in einer Zellkultur wachsen, so kann man beobachten, dass sich die einzelnen Phasen, wie in Tab. 6, S. 34 dargestellt, zeitlich wie folgt unterteilen:

Phase	Zeitdauer	Generationszyklusdauer
G_1	9–10 h	
S	7 h	22–24 h
G_2	5–6 h	
M	1 h	

Tab. 6: Zellzyklus – Phasendauer von Fibroblasten

Würde man (beispielsweise mittels eines Durchflusszytometers) den DNA-Gehalt der einzelnen Zellen bestimmen, so würde man ein Bild wie in Abb. 29, S. 35 erwarten, wenn sich alle Zellen in der G_1- oder G_0-Phase befänden. So etwas kann man experimentell beispielsweise durch einen Nährmediumzug erreichen. Die mit a bezeichnete Fraktion weist einen DNA-Gehalt von 2C auf und befindet sich somit in der G_1- oder G_0-Phase.

Unter optimalen Bedingungen (s. Abb. 30, S. 35) fangen die Zellen an sich zu teilen. Die a-Fraktion bezeichnet in diesem Piktogramm wieder die 2C-Fraktion. Zellen, die in der b-Fraktion liegen, weisen einen DNA-Gehalt zwischen 2C und 4C auf, somit sind sie in

1.7.3 Meiose

der S-Phase. Die c-Fraktion stellt mit dem 4C-DNA-Gehalt die G_2- und M-Phase dar.

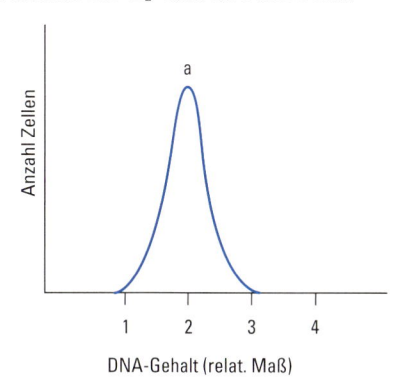

Abb. 29: Nährmediumentzug

medi-learn.de/6-bio1-29

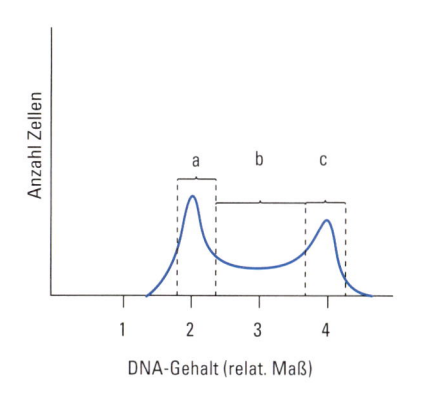

Abb. 30: Normale Kultur *medi-learn.de/6-bio1-30*

1.7.3 Meiose

Die meiotische Teilung findet in den **Geschlechtszellen** statt. Durch die Meiose entstehen haploide (1n) Eizellen und Spermien. Wenn diese miteinander verschmelzen, bildet sich wieder eine diploide (2n) Zygote. So wird gewährleistet, dass die Körperzellen der jeweils folgenden Generation auch wieder einen diploiden Chromosomensatz haben.

Letzte prämeiotische Interphase

Bevor die Zellen in die Meiose eintreten können, durchlaufen sie eine **S-Phase**, in der ihr genetisches Material verdoppelt wird. Auf diese Phase folgen zwei Reifeteilungen.

	Chromosomensatz	DNA-Gehalt
Geschlechtszelle	2n	2C
Geschlechtszelle nach der letzten S-Phase	2n	4C
nach der 1. Reifeteilung	1n	2C
nach der 2. Reifeteilung	1n	1C
nach Verschmelzung (Zygote)	2n	2C

1n = haploid = 23 Chromosomen,
2n = diploid = 46 Chromosomen, 1C = eine Chromatide

Tab. 7: Meiose

1. Reifeteilung (RT)

Während der 1. RT wird der diploide Chromosomensatz getrennt und ein haploider Satz entsteht (1n, 2C). Merken sollte man sich besonders, dass dabei die **homologen Chromosomen** voneinander getrennt werden.
Die Prophase der ersten meiotischen Teilung kann man noch in folgende Stadien weiter unterteilen:
Leptotän → Zygotän → Pachytän → Diplotän → Diakinese

Mit folgendem Merkspruch kann man sich die Reihenfolge dieser Stadien gut merken:

> **Merke!**
> **L**iebe **Z**elle **p**aare **d**ich **d**och.

Im Leptotänstadium werden die einzelnen Chromosomen durch Spiralisierung sichtbar und sind nur locker organisiert. Im Zygotän kommt es zur Paarbildung. Im Pachytän sind die Chromosomen gespannt und stark kondensiert. Da die gepaarten Chromosomen (Bivalente) mit jeweils vier Chromatiden vorlie-

1 Allgemeine Zytologie, Zellteilung und Zelltod

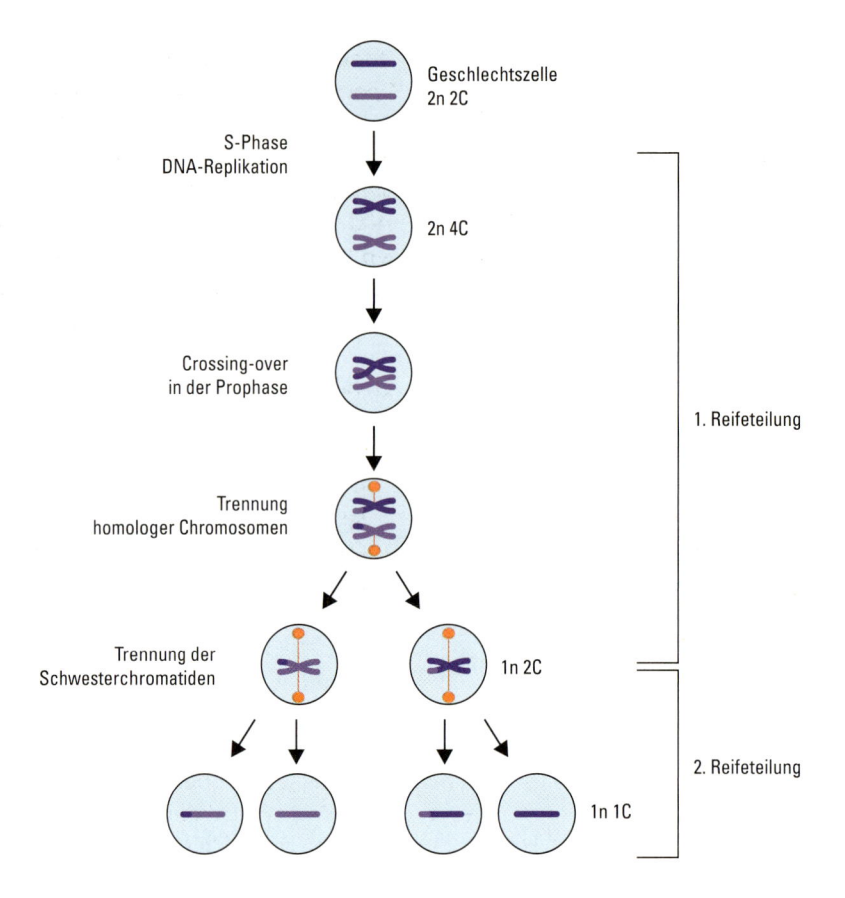

Abb. 31: Meiose

gen, spricht man auch vom Tetradenstadium. Im Diplotän werden die Parallelkonjugationen wieder aufgelockert und in der Diakinese trennen sich die homologen Chromosomen. In der Prophase der ersten meiotischen Teilung findet bei der beschriebenen Paarbildung der Chromosomen das Crossing-over statt. Dabei wird genetisches Material zwischen väterlichen und mütterlichen Chromosomen ausgetauscht. Lichtmikroskopisches Korrelat des Crossing-over sind die **Chiasmata**, sie treten mehrfach pro Chromosomenpaar auf. Diese Rekombination genetischer Information erhöht die genetische Vielfalt.

2. Reifeteilung

Die 2. RT schließt sich der 1. RT unmittelbar an. Es kommt daher **NICHT** zu einer weiteren S-Phase, sondern die Schwesterchromatiden werden – wie bei einer normalen Mitose – voneinander getrennt.

Spermatogenese

Die Geschlechtszelle, die beim Mann in die Meiose eintritt, nennt man **Spermatozyte 1. Ordnung**. Nach der 1. RT entstehen daraus zwei **Spermatozyten 2. Ordnung**. Daraus bilden sich bei der 2. RT dann vier **Spermatiden** mit je 22 Autosomen und einem Gonosom (s. Chromosomen, 2.2, S. 52).

1.7.3 Meiose

> **Merke!**
>
> Bei der Spermatogenese dauert die Prophase I am längsten (ca. 3 Wochen).

Diese Spermatiden sind aber noch lange keine Spermien sondern vielmehr kleine rundliche Zellen. Die Spermien entwickeln sich aus den Spermatiden. Erst sie haben einen fertig ausdifferenzierten Kopf, einen Halsteil, ein Mittelstück und einen Schwanz. In diesen Abschnitten befinden sich wichtige prüfungsrelevante Strukturen, die in Abb. 32, S. 37 zusammengefasst und im Folgenden erläutert werden.

Erläuterungen:
- Das **Kernäquivalent** trägt die genetische Information (1n, 1C).
- Die **Zentriole** dient dem Spermium als Ursprungsort für sein Axonema.
- Das aus Mikrotubuli zusammengesetzte **Axonema** des Spermiums dient der Fortbewegung.
- Das **Akrosom** ist ein **Lysosomenäquivalent** und wird vom Spermium zum Öffnen der Eizelle bei der Befruchtung benötigt. Da Spermien vorwärts schwimmen, erklärt sich auch die Lokalisation am Kopfteil ...
- Die **Mitochondrien** finden sich beim Spermium nur im **Mittelstück**.

Bei der Befruchtung verschmilzt das Spermium am Kopfteil mit der Eizelle und das Kernäquivalent, die Zentriole und auch ein paar paternale Mitochondrien treten in die Eizelle über. Letztere werden aber in der Regel zügig in der Eizelle abgebaut. So kann man sich gut erklären, dass mitochondriale Erkrankungen **maternal** vererbt werden (s. Abschnitt 1.6.1, S. 18 und Skript Biologie 2).

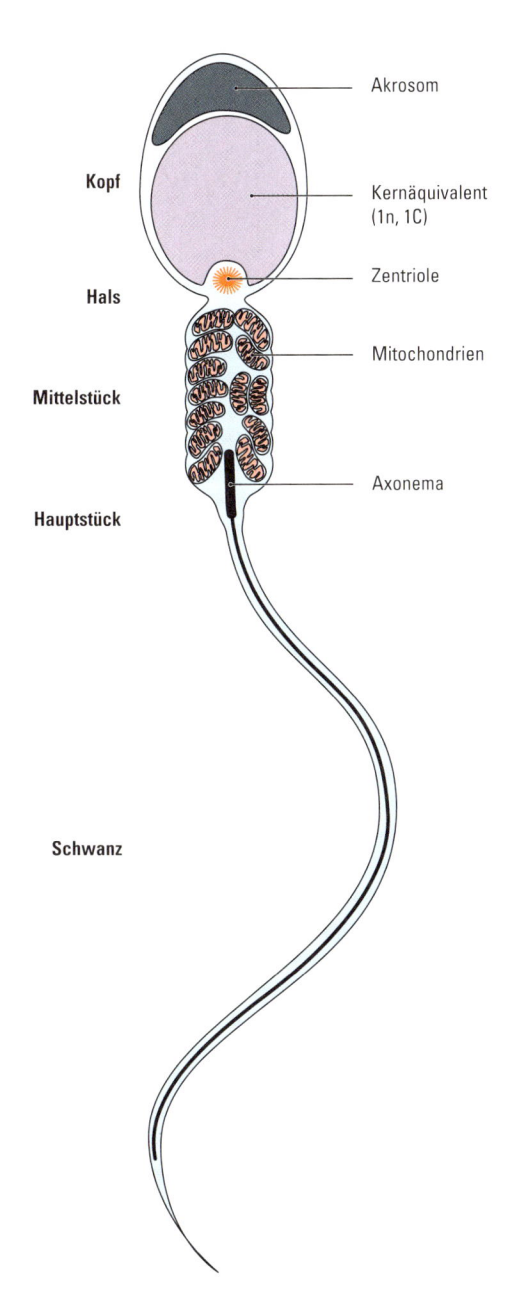

Abb. 32: Spermium — medi-learn.de/6-bio1-32

> **Übrigens ...**
> Ab der Pubertät werden Spermien das gesamte Leben lang gebildet. Sie reifen aber erst im weiblichen Geschlechtstrakt komplett aus. Diesen Vorgang nennt man **Kapazitation**. Begünstigt durch den Zervixschleim wird dabei ein Glykoproteinüberzug vom Spermienkopf entfernt, was Voraussetzung für die Befruchtung der weiblichen Eizelle ist.

Oogenese

Bei der Frau startet die **Oozyte 1. Ordnung** die Meiose. Analog zur Spermatogenese gibt es auch **Oozyten 2. Ordnung**. Allerdings entsteht am Ende nur eine **Eizelle**, die anderen Zellen bilden sich zu degenerierten **Polkörperchen** zurück. Beim zeitlichen Verlauf gibt es wichtige Besonderheiten:

- Die Meiose der Frau beginnt im Gegensatz zu der des Mannes bereits in der Embryonalentwicklung. Etwa ab dem 3. Entwicklungsmonat treten die Oozyten 1. Ordnung in die 1. RT ein. Diese wird jedoch nicht vollendet, sondern stoppt in der Prophase, genauer im **Diktyotän**-Stadium (s. IMPP-Bild 3, S. 63).
- Weiter geht es erst mit Beginn der **Pubertät**, in der dann zyklusabhängig einige Dutzend Eizellen die Meiose fortsetzen. Erst zu diesem Zeitpunkt wird die 1. RT vollendet. Doch auch der weitere Verlauf der Oogenese gestaltet sich stockend, da die 2. RT in der Metaphase arretiert wird.
- Die 2. RT wird erst beendet, wenn ein Ei im Eileiter befruchtet wurde.

> **Merke!**
> Die 1. RT endet kurz vor der Ovulation, die 2. RT wird erst nach der Befruchtung vollendet (s. IMPP-Bild 3, S. 63).

Übrigens ...
Normalerweise verlässt nur ein Ei bei der Ovulation den Eierstock und wandert durch den Eileiter in Richtung Uterus. Es kann auch mal den falschen Weg einschlagen und in die Bauchhöhle gelangen. Dadurch kommt es zu einer Bauchhöhlenschwangerschaft.

Non-Disjunction

Unter einer Non-Disjunction versteht man die „Nichttrennung" von Chromosomen. Passiert dies während der 1. RT, werden homologe Chromosomen nicht voneinander getrennt, tritt es während der 2. RT auf, findet keine Trennung der Schwesterchromatiden statt. Solche Chromosomenfehlverteilungen können in beiden Teilungen der Meiose und bei beiden Geschlechtern auftreten. Wissenswerte Ausnahmen gibt es bei den Geschlechtschromosomen:

- Eine Non-Disjunction von zwei X-Chromosomen kann im Regelfall in allen Teilungsstadien vorkommen, **außer während der 1. meiotischen Teilung beim Mann**. Der Grund dafür heißt xy: Bei der 1. RT werden die homologen Chromosomen getrennt, wobei der Mann im Regelfall nur ein und nicht, wie die Frau, zwei homologe X-Chromosomen besitzt.
- Eine Non-Disjunction von zwei Y-Chromosomen kann **nur bei der 2. RT und nur beim Mann geschehen**. Die Frau besitzt kein Y-Chromosom, somit gibt es bei ihr auch keine Non-Disjunction zweier Y-Chromosomen. In der 1. RT beim Mann paart sich sein Y-Chromosom mit dem X-Chromosom. Da hier nur ein Y-Chromosom vorhanden ist, kann es zu diesem Zeitpunkt auch keine Y-Non-Disjunction geben. Diese Fehlverteilung ist erst während der 2. RT möglich, bei der die Schwesterchromatiden des Y-Chromosoms voneinander getrennt werden.

> **Merke!**
> - Bei Männern gibt es KEINE Non-Disjunction von zwei X-Chromosomen während der 1. RT.
> - Eine Non-Disjunction von zwei Y-Chromosomen gibt es nur beim Mann und nur während der 2. RT.

Übrigens ...
Non-Disjunction tritt in den Keimzellen von Frauen häufiger auf als in den Keimzellen von Männern. Grund: Zwischen dem Beginn und dem Ende der 1. Reifeteilung bei der Frau können 40 Jahre liegen. In dieser Zeit ist die Oo-

zyte vielen Umwelteinflüssen ausgesetzt, wodurch das Risiko einer Non-Disjunction steigt.

1.7.4 Stammzellen

Nun noch ein paar wichtige Worte zu den Stammzellen und ihren besonderen Eigenschaften: Stammzellen sind lebenslang teilungsfähig (unsterblich) und besitzen die Fähigkeit zur **differenziellen Zellteilung**. Darunter versteht man folgendes Teilungsverhalten: Bei einer differenziellen Zellteilung entstehen aus einer Stammzelle eine neue Stammzelle und eine Zelle, die sich weiter differenziert. Somit wird gewährleistet, dass die Stammzellpopulation nicht abnimmt, trotzdem aber immer neue Zellen in den Differenzierungspool kommen. Ein wichtiges Beispiel hierfür sind die Stammzellen der Haut im Stratum basale.

> **Merke!**
> Den Zusammenschluss von Stammzellen in einem Epithel nennt man Blastem.

1.8 Adaptation von Zellen an Umwelteinflüsse

Je nachdem, welchen Umwelteinflüssen Zellen ausgesetzt sind, werden sie unterschiedlich reagieren: Bei starker Beanspruchung beginnen sie reaktiv zu wachsen, um mehr leisten zu können, bei Unterforderung können sie schrumpfen.

Für das Physikum und das spätere Leben als Mediziner sollte man unbedingt folgende Definitionen parat haben:

- **Hypertrophie**: Volumenzunahme durch funktionelle Zellschwellung. Beispiel: Bodybuilding.
- **Atrophie**: Das Gegenteil der Hypertrophie, also eine Volumenabnahme der Zellen. Beispiel: Muskelabnahme bei schlaffer Lähmung oder nach einer langen Lernphase, bei der man die meiste Zeit sitzend am Schreibtisch und liegend im Bett zugebracht hat ...
- **Hyperplasie**: Volumenzunahme durch Vermehrung der Zellzahl. Beispiel: Uterus während der Schwangerschaft.
- **Metaplasie**: Umdifferenzierung von Gewebe. Beispiele: Bei einem Raucher kann sich das respiratorische Epithel in den Bronchien zu einem Plattenepithel umwandeln, bei chronischem Sodbrennen kann im unteren Ösophagus Magenschleimhaut gebildet werden (Barrett-Metaplasie).

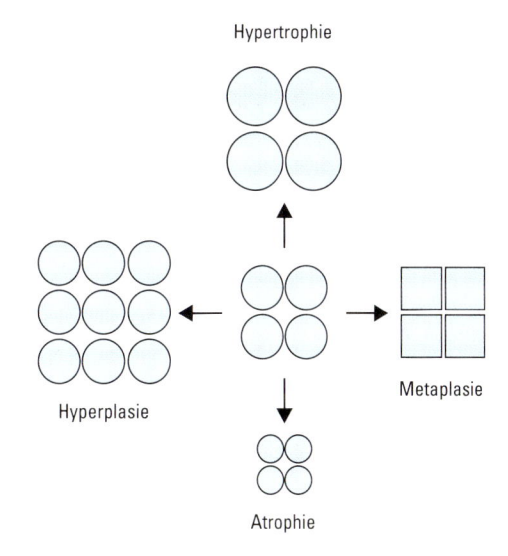

Abb. 33: Hypertrophie, Atrophie, Hyperplasie und Metaplasie

medi-learn.de/6-bio1-33

1.9 Zelltod

Und nun kommen wir zellbiologisch zum Ende – mit den verschiedenen Arten des Zelltods.

1.9.1 Nekrose

Bei einer Nekrose gehen die Zellen durch irreversible Schädigung zugrunde. Auslöser dieser Schäden können sowohl endogene (z. B. Ischämie) als auch exogene (z. B. Toxine) Noxen (schädliche Substanzen) sein. Die morphologischen Zeichen einer Nekrose sind:

1 Allgemeine Zytologie, Zellteilung und Zelltod

- **Zellschwellung**,
- **Karyorrhexis**: Fragmentierung des Zellkerns,
- **Kernpyknose**: Verdichtung des Zellkerns,
- **Karyolyse**: Auflösung des Zellkerns,
- **Ruptur**: Platzen der Zellen und dadurch ausgelöste Entzündungen.

> **Übrigens ...**
> Nekrose geht immer mit einer Entzündung einher.

1.9.2 Apoptose

Unter Apoptose versteht man den programmierten, natürlichen Zelltod ohne das Auftreten einer Entzündungsreaktion. Als prüfungsrelevantes Beispiel sollte man sich die Embryogenese merken, bei der die Zellen, die ihre Funktion erfüllt haben und damit überflüssig sind, durch Apoptose beseitigt werden.
Die Apoptose umfasst vier Phasen (s. Abb. 34, S. 40):
1. Initiation
2. Exekution
3. Phagozytose der Vesikel durch umliegende Makrophagen und weitere Zellen
4. Degradation der Vesikel in den genannten Zellen

Die Initiation kann durch bestimmte intra- und extrazelluläre Faktoren eingeleitet werden. Man unterscheidet
– einen **intrinsischen** und einen
– **extrinsischen** Weg,
die allerdings nicht völlig getrennt voneinander ablaufen.

Der intrinsische Weg kann durch zellinterne Vorkommnisse, wie etwa eine DNA-Schädigung, ausgelöst werden. Das Schlüsselereignis ist eine **Erhöhung** der Permeabilität **der äußeren Mitochondrienmembran** (engl. MOMP: **M**itochondrial **o**uter **M**embrane **P**ermeabilization). Eine MOMP-positive Zelle wird unweigerlich die Apoptose durchlaufen. Daher ist auch der Austritt von **Cytochrom c** aus Mitochondrien ins Zytoplasma ein untrügliches Zeichen für eine Apoptose.
Der extrinsische Weg kann durch zytotoxische T-Zellen oder natürliche Killerzellen (NK-Zellen) gestartet werden. Solche Zellen können Liganden (beispielsweise den Tumornekrosefaktor Alpha (TNF-Alpha) oder andere Zytokine) zur Verfügung stellen, die dann an einen sogenannten Todesrezeptor (z. B. FAS-Rezeptor = CD95 oder auch der TNF-Rezeptor) binden und die Apoptose induzieren.
Die **Exekutionsphase** beginnt mit der Aktivierung bestimmter **Caspasen**, u. a. der Caspasen 3 und 6, die den Abbau der DNA bewirken. Dadurch entstehen Apoptosekörper (engl.: apoptotic bodies), die durch **Phagozytose** von umliegenden Zellen aufgenommen und dort durch intrazelluläre **Degradation** vollständig abgebaut werden.
Diese Einführung in die Apoptose ist der Prüfungsrelevanz zuliebe stark vereinfacht. Von den zahlreichen anderen, an der Apoptose beteiligten Faktoren, solltest du noch Bax (Bcl-2 associated X-proteine) als Beispiel für ein proapoptotisches Protein und Bcl-2 (B-cell lymphoma 2 proteine) als ein antiapoptotisches Protein kennen.

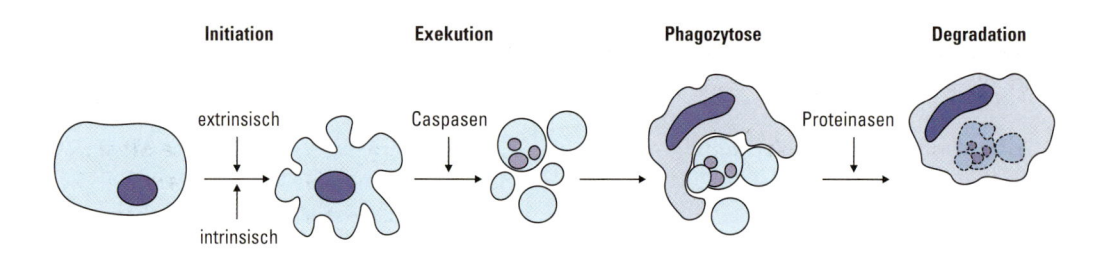

Abb. 34: Die vier Phasen der Apoptose

DAS BRINGT PUNKTE

Zum Thema **Zellzyklus** solltest du folgendes Wissen parat haben:
- Zellen, die sich vermehren, durchlaufen einen Zellzyklus $G_1 \rightarrow S \rightarrow G_2 \rightarrow M$. Ein Zellzyklus kann je nach Zellart unterschiedlich lange dauern.
- Die Phasen G_1, S und G_2 bezeichnet man auch als Interphase.
- Die G_1-Phase ist eine Wachstumsphase, die durch eine hohe Protein- und RNA-Syntheserate gekennzeichnet ist.
- In der S-Phase wird die DNA verdoppelt.
- Die G_2-Phase entspricht einer Kontrollphase. Es werden die letzten Vorbereitungen für die anstehende Mitose getroffen.
- In der M-Phase findet die Zellteilung statt.
- Der Zellzyklus wird durch Cyclin-abhängige Kinasen (CDKs) und Cycline reguliert.

Wie bereits erwähnt, sind die **mitotische** und **meiotische Zellteilung** absolute Dauerbrenner in den schriftlichen Fragen. Besonders gut einprägen solltest du dir folgende Sachverhalte:
- Die Mitose dient der Produktion von zwei genetisch identischen Tochterzellen.
- Die fünf verschiedenen Mitosestadien (s. Fürs Mündliche).
- Bei der ersten meiotischen Teilung werden die homologen Chromosomen getrennt.
- Bei der zweiten meiotischen Teilung werden die Schwesterchromatiden getrennt.
- Das Crossing-over findet in der Prophase der ersten meiotischen Reifeteilung (RT) statt.
- Bei Männern tritt KEINE Non-Disjunction von zwei X-Chromosomen während der 1. RT auf.
- Eine Non-Disjunction von zwei Y-Chromosomen ist nur während der 2. RT beim Mann möglich.

Bei den Abschnitten **Adaptation** und **Zelltod** solltest du dir Folgendes unbedingt merken:
- Die verschiedenen Adaptationsarten (s. Fürs Mündliche).
- Apoptose ist ein genetisch gesteuerter Zelltod ohne Entzündungsreaktion.
- Die Apoptose wird über Caspasen vermittelt.
- Die Nekrose wird durch endogene oder exogene Schadstoffe hervorgerufen. Im Gegensatz zur Apoptose löst sie eine Entzündungsreaktion aus.

FÜRS MÜNDLICHE

Zum Abschluss der Zytologie kannst du jetzt dein Wissen alleine oder in deiner Lerngruppe anhand folgender Prüfungsfragen kontrollieren.

1. **Charakterisieren Sie bitte die Mitosestadien.**
2. **Erläutern Sie bitte, was ein Synzytium ist.**
3. **Nennen Sie bitte verschiedene Möglichkeiten, wie eine Zelle auf unterschiedliche Umwelteinflüsse reagieren kann.**
4. **Welche Phasen unterscheiden Sie bei der Apoptose?**

FÜRS MÜNDLICHE

1. Charakterisieren Sie bitte die Mitosestadien.
Morphologisch, aber auch funktionell lässt sich die Mitose in fünf Stadien einteilen:
1. Prophase: Hier kondensieren die Chromosomen.
2. Prometaphase: Hier kommt es zur Auflösung der Kernhülle.
3. Metaphase: Das genetische Material ist nun maximal verdichtet (kondensiert). Die Chromosomen ordnen sich in der Äquatorialebene an. An den Zentromeren greifen die Spindelfasern (aus Mikrotubuli) an.
4. Anaphase: Durch den Spindelapparat werden die Schwesterchromatiden getrennt und bewegen sich in Richtung der Spindelpole.
5. Telophase: In dieser letzten Phase bilden sich die Kernhüllen und auch Nukleoli wieder aus. Das genetische Material wird entspiralisiert. Zuletzt wird der Zellleib in zwei Tochterzellen geteilt. Diesen Vorgang nennt man auch Zytokinese.

2. Erläutern Sie bitte, was ein Synzytium ist.
Ein Synzytium ist ein Zusammenschluss von Zellen. Man unterscheidet „echte" Synzytien, wo die Zellen richtig fusioniert sind (z. B. quergestreifte Muskulatur) von „funktionellen" Synzytien. Bei letzteren sind die Zellen rein funktionell z. B. über Gap Junctions zusammengeschlossen (z. B. Herzmuskulatur).

3. Nennen Sie bitte verschiedene Möglichkeiten, wie eine Zelle auf unterschiedliche Umwelteinflüsse reagieren kann.
- Atrophie: Schrumpfen der Zelle bei fehlender Belastung (z. B. Bürohengst),
- Hypertrophie: Volumenzunahme einer Zelle bei stärkerer Belastung (z. B. Gewichte stemmen),
- Hyperplasie: Volumenzunahme eines Gewebes durch Vermehrung der Zellzahl (z. B. Uterus während der Schwangerschaft),
- Metaplasie: Umdifferenzierung eines Gewebes in ein anderes (z. B. Epithel bei Rauchern).

4. Welche Phasen unterscheiden Sie bei der Apoptose?
1. Bei der Initiation wird die Apoptose über einen extrinsischen oder intrinsischen Weg eingeleitet.
2. Bei der Exekution wird die DNA durch Caspasen abgebaut.
3. Die entstehenden Vesikel werden bei der Phagozytose durch umliegende Makrophagen und weitere Zellen aufgenommen.
4. Diese Vesikel werden dann in den genannten Zellen degradiert (vollständig abgebaut).

Pause

Mach jetzt eine kurze Pause,
bevor es mit der Genetik losgeht!

Wissen, das in keinem Lehrplan steht:

- Wo beantrage ich eine **Gratis-Mitgliedschaft** für den **MEDI-LEARN Club** – inkl. Lernhilfen und Examensservice?

- Wo bestelle ich kostenlos **Famulatur-Länderinfos** und das **MEDI-LEARN Biochemie-Poster**?

- Wann macht eine **Studienfinanzierung** Sinn? Wo gibt es ein **gebührenfreies Girokonto**?

- Warum brauche ich schon während des Studiums eine **Arzt-Haftpflichtversicherung**?

Lassen Sie sich beraten!

Nähere Informationen und unseren Repräsentanten vor Ort finden Sie im Internet unter www.aerzte-finanz.de

Deutsche Ärzte Finanz

Standesgemäße Finanz- und Wirtschaftsberatung

2 Genetik

📊 Fragen in den letzten 10 Examen: 15

Im zweiten Kapitel dieses Skripts stellen wir zunächst die Organisation der Nukleinsäuren vor und gehen anschließend näher auf die Chromosomen und deren Fehlverteilungen ein. In Biologie 2 geht es dann mit den Mendel-Gesetzen, der Vererbungslehre und weiteren hoch interessanten – weil gern gefragten – Themen weiter.

Zu den Kapiteln 2.1.2, S. 45 bis 2.1.7, S. 51 wurden zwar im Bereich Biologie in den letzten zehn Physika vergleichsweise wenige Fragen gestellt, das Wissen ist aber absolut prüfungsrelevant, um die Zusammenhänge im Bereich der Genetik zu verstehen.

2.1 Organisation eukaryontischer Gene

Hinter diesem Ausdruck versteckt sich eine Analyse der menschlichen Nukleinsäuren und wichtiger Grundlagen der Speicherung, Verdopplung und Ablesung der genetischen Information.

2.1.1 Übersicht

Speicherung	als DNA
Replikation	DNA-Verdopplung
Transkription	Abschreiben der DNA-Info in hnRNA
mRNA-Reifung	hnRNA wird zu mRNA
Translation	Übersetzung der Info auf der mRNA in eine Aminosäuresequenz

Tab. 8: Grundlagen/Begriffe zur genetischen Information

Die genetische Information ist in Form von DNA gespeichert und wird über den Weg der Transkription und Translation in Proteine übersetzt.

Bevor wir uns den einzelnen Schritten näher zuwenden, stellen die folgenden Abschnitte zunächst die Struktur der DNA und RNA vor.

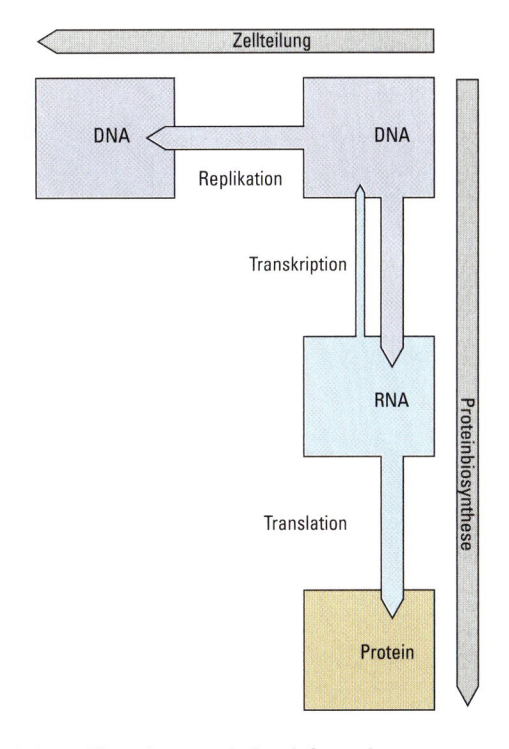

Abb. 35: Fluss der genetischen Information
medi-learn.de/6-bio1-35

2.1.2 Struktur der DNA

Die DNA (Desoxyribonucleic Acid, Desoxyribonukleinsäure) befindet sich im Zellkern und in den Mitochondrien. Sie besteht aus **Nukleotiden**, Bausteinen, die selbst aus je einem C5-Zucker (2´-Desoxyribose), Phosphat und einer Base zusammengesetzt sind. Diese Nukleotide polymerisieren zu einem langen Molekülstrang.

2 Genetik

Zwei solcher Stränge lagern sich nun mit gegenläufiger Polarität zu einem Doppelstrang zusammen und bilden so die **DNA-Doppelhelix**. Nach ca. zehn Basenpaarungen erreicht man eine volle Umdrehung der DNA, denn jede Base ist im Verhältnis zur Nachbarbase um ca. 35 Grad gedreht. Dabei ist die zelluläre DNA **rechtsgängig** und die Basen sind senkrecht zueinander orientiert (s. Abb. 36, S. 46).

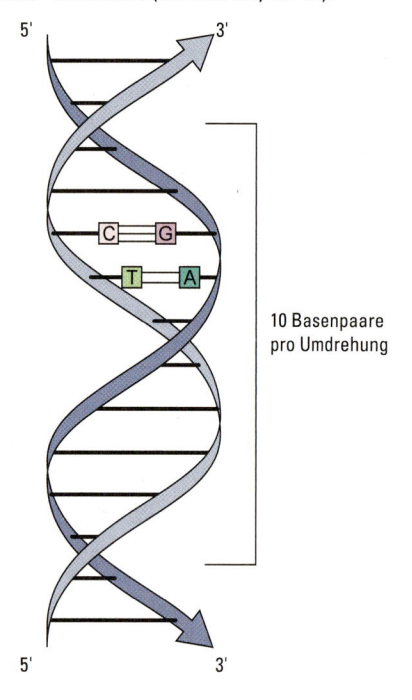

Abb. 36: DNA-Doppelhelix *medi-learn.de/6-bio1-36*

Diese Zusammenlagerung der Basen ist nur möglich, weil sich zwischen den Molekülsträngen die komplementären (zusammenpassenden) Basen paaren, d. h. sich durch Wasserstoffbrückenbindungen aneinander heften. Die Wasserstoffbrücken lassen sich auch wieder lösen, sind also reversibel. Dies ist eine ihrer wichtigen Eigenschaften, denn sowohl zur Replikation als auch zur Transkription müssen die beiden Stränge voneinander getrennt werden.

Insgesamt kommen vier Basen im Bauplan der DNA vor:
– die Purinbasen **Adenin** (A) und **Guanin** (G) sowie
– die Pyrimidinbasen **Cytosin** (C) und **Thymin** (T).

Purine und Pyrimidine sind aromatische Heterozyklen, von denen sich die DNA-Basen ableiten. Aus sterischen Gründen paart sich immer eine Pyrimidin- mit einer Purinbase. Dabei bilden sich zwischen Adenin und Thymin zwei, zwischen Cytosin und Guanin drei Wasserstoffbindungen aus. Die unterschiedliche Anzahl der Bindungen könnte eine Erklärung dafür sein, warum AT-reiche Regionen in der DNA weniger stabil sind als CG-reiche Abschnitte, und sich dort die Stränge auch leichter voneinander lösen (s. Transkription, S. 49).

> **Merke!**
>
> A=T, C≡G

Nur 1% der DNA des menschlichen Kerngenoms kodiert überhaupt für Proteine (protein-coding exons). Somit gibt es also wesentlich mehr Material als auf den ersten Blick nötig erscheint:
– Es gibt **repetitive DNA**, die aus oft wiederholten, fast identischen Abschnitten besteht. Man findet sie z. B. im Bereich des Zentromers. Die Funktion dieser repetitiven Sequenzen ist noch nicht bekannt und kann dementsprechend auch nicht gefragt werden.
– **Introns** sind Gensequenzen innerhalb eines Gens, die zwar transkribiert, aber nicht mehr translatiert werden, da sie vorher mittels Spleißen entfernt wurden. So gesehen sind auch Introns „überflüssige DNA". Bakterien kommen z. B. ohne Introns aus.
– Außerdem gibt es redundante Gene, wobei mit **Redundanz** das Vorliegen mehrerer Genkopien gemeint ist. Diese Redundanz findet sich z. B. bei den Genen für rRNA oder Histone, die meist vielfach vorliegen, weil sie oft gebraucht werden.

2.1.3 Genetischer Code

Für die Übersetzung der Nukleinsäuresequenz in eine Proteinsequenz gibt es den genetischen Code. Er stellt sozusagen das Wörterbuch für die Übersetzung dar.

Die proteinogenen Aminosäuren werden jeweils über eine Dreiersequenz der vier Basen codiert. So eine Dreiersequenz (z. B. GAA) nennt man Triplett oder **Codon**.

Rein rechnerisch gibt es 4^3 (64) Möglichkeiten, aus vier Basen ein Triplett zu formen. Da es aber nur 20 proteinogene Aminosäuren gibt, codieren meist mehrere verschiedene Codons für eine bestimmte Aminosäure. Bildlich erklärt: Da es 64 Wörter gibt, aber nur 20 Aussagen, haben einige Wörter die gleiche Aussage. Dieses Phänomen nennt man die **Degeneration** des genetischen Codes.

Für das Ablesen des genetischen Codes kann man eine Code-Sonne benutzen. Da solche Sonnen auch im schriftlichen Examen immer wieder auftauchen, lohnt es sich, die „Bedienungsanleitung" zu kennen.

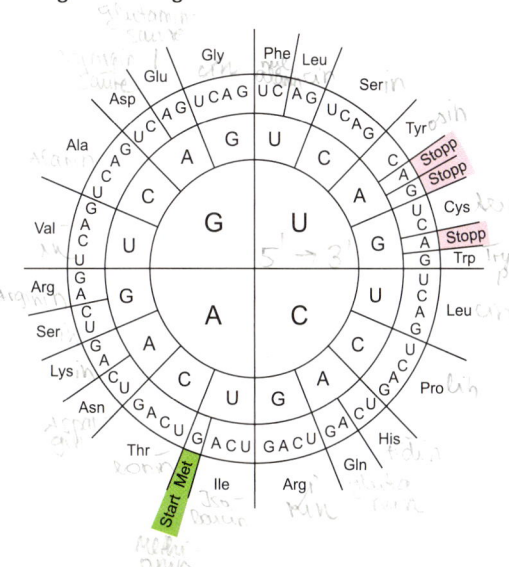

Abb. 37: Code-Sonne *medi-learn.de/6-bio1-37*

Für das Ablesen einer Code-Sonne gibt es zwei verschiedene Möglichkeiten: Man kann einem bestimmten Code eine Aminosäure zuweisen oder von einer Aminosäure ausgehen und herausfinden, welche Codons für sie codieren. Hierzu noch zwei Beispiele:
– Man liest das Schema von innen nach außen und erfährt, dass das bereits als Beispiel genannte Codon GAA für Glutamat codiert, das Codon GAC hingegen für Aspartat steht usw.
– Es lässt sich auch erfahren, welche Codons für eine bestimmte Aminosäure stehen: Für Prolin codieren z. B. die Codons CCG, CCA, CCC und CCU. Wichtig ist, dass man die Code-Sonne immer von innen nach außen liest.

Daneben gibt es auch Codons, die nicht für eine Aminosäure codieren. Das sind zum einen die **Stoppcodons**, UAA, UAG und UGA, an denen die Translation abgebrochen wird, und zum anderen das **Startcodon** AUG, mit dem die Translation anfängt. AUG codiert für Methionin. Das bedeutet allerdings nicht, dass jedes Protein mit der Aminosäure Methionin anfängt, da die primäre Aminosäuresequenz noch posttranslational verändert werden kann (s. 2.1.8, S. 51).

> **Merke!**
>
> Startcodon = AUG = **AU**f **G**eht's

Der genetische Code ist fast universell. Das heißt, dass er für die meisten Lebewesen identisch ist. Zu beachten ist allerdings, dass der mitochondriale Code etwas vom nukleären Code abweicht (s. Mitochondrium, 1.6.1, S. 18).

2.1.4 Struktur der RNA

Die RNA ist wie die DNA aus Nukleotiden aufgebaut. Es gibt jedoch einige wichtige Unterschiede:
– Die RNA hat einen anderen Zucker = **C$_5$-Ribose**,
– anstelle von Thymin steht in der RNA die Base **Uracil**,

2 Genetik

– die RNA liegt **einsträngig** vor und kann keine Doppelhelix ausbilden. Trotzdem gibt es Basenpaarungen, wodurch z. B. die **Kleeblattstruktur** der tRNA entsteht.

In der RNA gibt es eine Reihe modifizierter, ungewöhnlicher Basen (z. B. Dehydroxy-Uridin). Solche Basen können keine komplementären Partner finden – das ist der Grund für die überwiegende Einsträngigkeit der RNA.

> **Merke!**
>
> – nukleäre DNA: doppelsträngig
> – mitochondriale DNA: doppelsträngig
> – RNA: einzelsträngig

RNA findet sich in verschiedenen Funktionszuständen in der Zelle. Die Tab. 9, S. 48 gibt einen Überblick über die unterschiedlichen prüfungsrelevanten Arten.

2.1.5 Replikation

Die Replikation der DNA erfolgt im Zellkern während der S-Phase des Zellzyklus (s. 1.7.1, S. 30). Sie dient der Vorbereitung der Zelle auf die Zellteilung, denn ohne verdoppeltes genetisches Material kann die Zelle nicht in die Mitose eintreten.

Wie läuft nun diese Replikation ab? Zunächst wird dabei die doppelsträngige DNA durch das Enzym **Helikase** entspiralisiert. Dadurch entsteht eine Replikationsgabel. Die einzelnen Stränge werden jetzt durch DNA-Bindeproteine stabilisiert, damit sie für eine Weile voneinander getrennt bleiben und die DNA in Ruhe abgelesen und synthetisiert werden kann. Da die Synthese der DNA durch die DNA-Polymerase immer nur in **5´-3´-Richtung** erfolgt, wird nur ein Strang (der Führungsstrang oder Leitstrang) kontinuierlich synthetisiert. Hierfür wird EIN einziger **Primer** als Startermolekül benötigt.

Die Synthese des anderen Strangs (Folgestrang) erfolgt nur stückchenweise. Hierfür werden zahlreiche **RNA-Primer** synthetisiert, die als Startermolekül an den Folgestrang binden. Nun wird auch hier mit einer DNA-Polymerase DNA synthetisiert, allerdings immer nur stückchenweise, wodurch die **Okazaki Fragmente** entstehen. Am Ende werden die Primer durch eine Exonuklease entfernt, das fehlende Stück durch eine weitere DNA-Polymerase aufgefüllt und schließlich mit Hilfe einer DNA-Ligase mit dem Rest verbunden.

hnRNA (heterogene nukleäre RNA)	Primäres Produkt bei der Transkription. Wird durch Reifung in die mRNA überführt.
mRNA (messenger RNA)	Dient als Vorlage bei der Translation, also der Proteinbiosynthese an den Ribosomen. Entsteht aus hnRNA durch Spleißen (s. 2.1.6, S. 49).
tRNA (transfer RNA)	Eine tRNA bindet ihre aktivierte Aminosäure und lotst diese zu einem Ribosom, wo die Aminosäure in die Polypeptidkette eingebaut wird (s. 2.1.7, S. 51).
rRNA (ribosomale RNA)	Ribosomale RNA ist ein Strukturelement der Ribosomen (s. 1.6.3, S. 20).
snoRNA (small nucleolar RNA)	snoRNA modifiziert die rRNA im Nukleolus (s. 1.4.1, S. 17).
snRNA (small nuclear RNA)	Dient bei der Reifung der mRNA dem Herausspleißen der Introns. Ist Bestandteil des Spleißosoms (s. Transkription, S. 49).
scRNA (small cytoplasmic RNA)	scRNA findet man als Bestandteil des SRPs (s. S. 21).
miRNA (mikro RNA)	sind sehr kurze, nicht codierende RNAs, können die posttranslationale Transkription regulieren

Tab. 9: RNA-Arten

2.1.6 Transkription

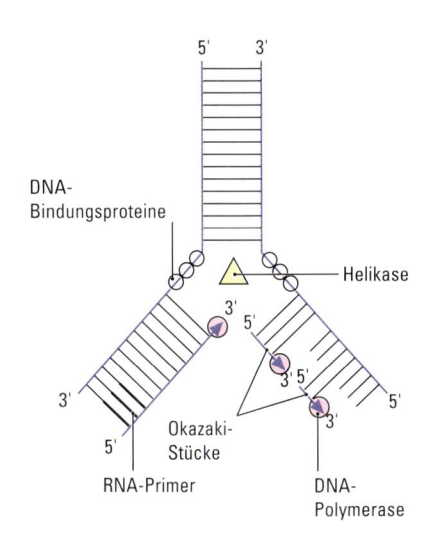

Abb. 38: Replikation
medi-learn.de/6-bio1-38

Merke!

Die Replikation der DNA erfolgt semikonservativ. Das bedeutet, dass je ein Strang der alten DNA in den beiden neuen Doppelhelices zu finden ist. Der andere Strang ist der komplett neu synthetisierte.

Exzisionsreparatur

Läuft bei der Replikation etwas schief, so kann der Schaden, sofern er nur einen Strang betrifft, mittels einer **Exzisionsreparatur** behoben werden. Dabei wird zunächst der geschädigte Abschnitt eines Strangs durch eine Endo- und eine Exonuklease entfernt. Der fehlende Abschnitt wird durch eine DNA-Polymerase resynthetisiert und eine Ligase verbindet die freien Enden.

Auf ähnliche Weise werden Thymin-Dimere, die (z. B. unter UV-Exposition) eine kovalente Verbindung eingegangen sind, aus der DNA entfernt.

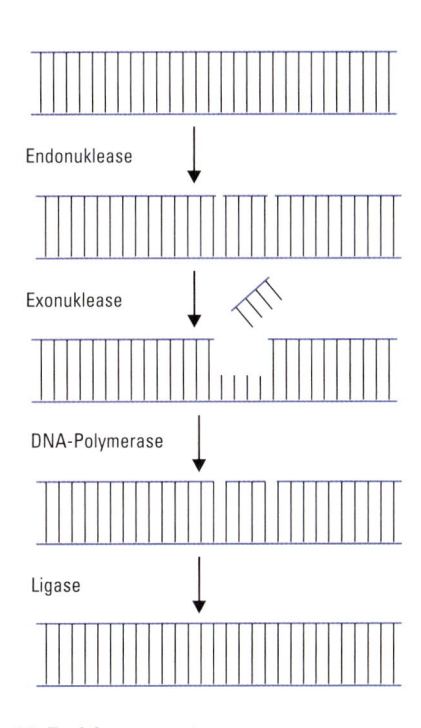

Abb. 39: Exzisionsreparatur
medi-learn.de/6-bio1-39

2.1.6 Transkription

Bei der Transkription wird die DNA abgelesen und es entsteht hnRNA. Diese hnRNA hat somit die komplementäre Basenstruktur der DNA – mit einem kleinen, aber wichtigen Unterschied: In die hnRNA wird anstatt Thymin die Base Uracil eingebaut.

Für den Beginn einer Transkription wird auf der DNA eine **Promotorregion** gebraucht, das Ende ist durch eine **Terminatorregion** festgelegt.

Was passiert jetzt genau bei einer Transkription? Zunächst bindet eine **DNA-abhängige RNA-Polymerase** an eine Promotorregion. Dort wird – vermittelt durch eine Reihe von Transkriptionsfaktoren – die Synthese gestartet. Die entstehende hnRNA-Kette wächst dabei solange in **5´-3´-Richtung** bis die Terminatorregion erreicht ist und die Synthese endet.

2 Genetik

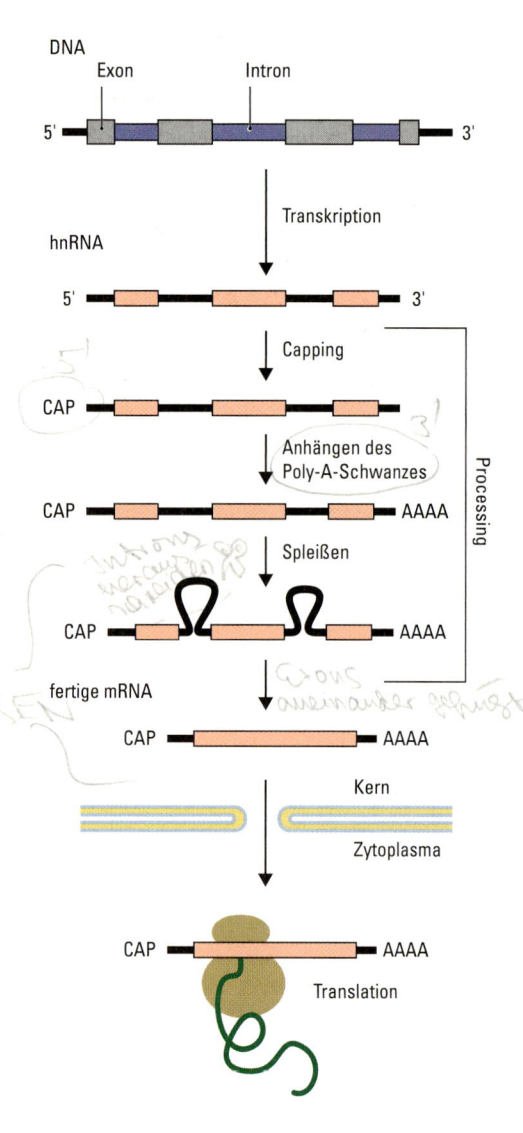

Abb. 40: Transkription   *medi-learn.de/6-bio1-40*

An das 3´-Ende wird eine **Poly-A-Sequenz** (Adenin, Adenin …) gehängt. Sie dient ebenfalls dem Schutz vor enzymatischem Abbau. Aus der so modifizierten RNA werden jetzt noch die Introns (nichtcodierende Abschnitte) herausgeschnitten und die übrig bleibenden Exons aneinandergefügt. Diesen Vorgang nennt man **spleißen**. Er erfolgt durch **Spleißosomen**. Das sind kleine Partikel, die aus Proteinen und snRNA (small nuclear RNA) bestehen. Die reife mRNA ist also kürzer als das Primärtranskript, da die Introns entfernt wurden.

> **Merke!**
>
> Capping (5´), Poly-Adenylierung (3´) und spleißen bezeichnet man als Processing.

Folgende Abbildung zeigt den gern geprüften Zusammenhang zwischen der DNA und einer fertigen mRNA.

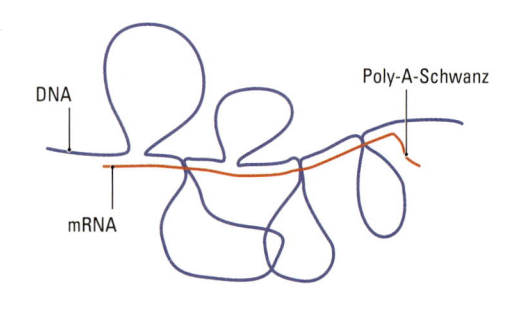

Abb. 41: DNA/mRNA   *medi-learn.de/6-bio1-41*

Reifung der mRNA

Die entstandene hnRNA wird sofort posttranskriptional verändert – übrigens ein sehr beliebtes Prüfungsthema im Examen. Dabei wird zunächst an das 5´-Ende ein methyliertes GTP gehängt. Diesen Vorgang nennt man **Capping**. Er dient der Stabilisierung und dem Schutz der RNA. Das **Capping** geschieht übrigens noch während der laufenden Transkription, da das 5´-Ende zuerst synthetisiert wird.

Hier wurde eine fertige mRNA in vitro (im Reagenzglas) mit einzelsträngiger DNA (sDNA) des entsprechenden Gens zusammengebracht. In der Folge entstanden dort Basenpaarungen (Hybridisierungen), wo sich die Basensequenzen zueinander komplementär verhalten.
Die Stellen des Gens, die den Exons entsprechen, lagern sich bei einem solchen Experiment an die entsprechenden Stellen der mRNA an. Die anderen, schleifenförmigen

Abschnitte entsprechen den Introns, die sich nicht mit der mRNA paaren können, da diese Abschnitte hier fehlen. Auf Abb. 41, S. 50 befinden sich also fünf Introns (Schleifen) und sechs Exons (gepaarte Abschnitte).

2.1.7 Translation

Im Zuge der Translation wird die in der Basensequenz der mRNA gespeicherte Information in ein Protein übersetzt. Diese Übersetzung geschieht an Ribosomen, deren zwei Untereinheiten sich an einem Strang mRNA zusammenlagern (s. Abb. 42, S. 51).
Zum Ablauf: Zunächst wird eine aktivierte Aminosäure auf ihre passende tRNA übertragen. Die tRNA besitzt auf der gegenüberliegenden Seite ein **Anticodon**, das zu einem **Codon** auf der mRNA komplementär ist. Nur wenn Codon und Anticodon zusammenpassen, kann die tRNA am Ribosom binden, und die spezifische Aminosäure, die sich an ihrem anderen Ende befindet, wird in die Polypeptidkette eingebaut. Ist dies geschehen, rückt das Ribosom drei Basen weiter und die nächste tRNA kann binden. Bei Erreichen eines Stoppcodons hört die Translation auf, das Ribosom dissoziiert von der mRNA ab und die primäre Polypeptidkette ist fertig.

2.1.8 Posttranslationale Modifikation

Nach der Synthese einer primären Aminosäurekette wird diese noch vielfältig verändert, um ihren spezifischen Funktionen als fertiges Protein gerecht zu werden.
Folgende Mechanismen werden vorwiegend genutzt:
- **limitierte Proteolyse** (z. B. Abspaltung der Signalsequenz, s. 1.6.3, S. 20),
- **N-Glykosylierung** und **O-Glykosylierung** (Zuckermodifikation an einem Stickstoffatom [N] oder Sauerstoffatom [O]),
- Ausbildung von Disulfidbrücken (z. B. beim Insulinmolekül),
- **Phosphorylierung** und **Sulfatierung**,
- **Hydroxylierung** und **Carboxylierung**,
- Ausbildung einer dreidimensionalen Struktur (Faltung).

> **Merke!**
>
> Die N-Glykosylierung findet meist im rER statt, die O-Glykosylierung im Golgi-Apparat.

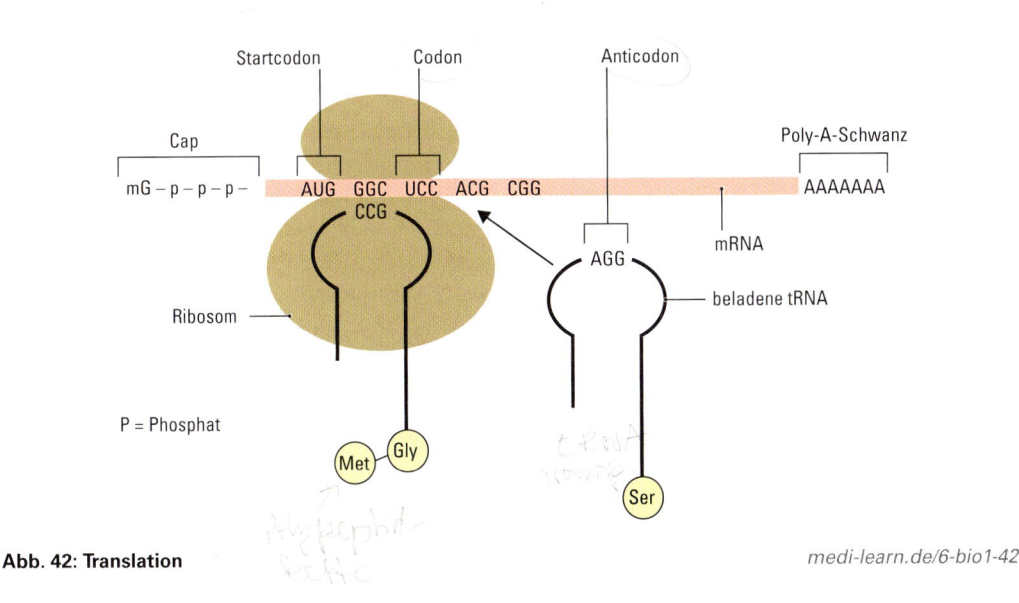

Abb. 42: Translation

2.2 Chromosomen

Wir haben bisher den Aufbau der menschlichen Nukleinsäuren und den Weg von einem Gen bis hin zu einem fertigen Protein besprochen. Nun wenden wir uns den menschlichen Chromosomen zu und bekommen so einen globalen Überblick über das menschliche Genom.
Die DNA liegt zusammen mit zahlreichen Proteinen in Form von 46 Chromosomen vor. Mit anderen Worten: Wir Menschen haben ein in 46 Teilstücken organisiertes Genom. Hierbei unterscheidet man die **Gonosomen** (Geschlechtschromosomen) von den **Autosomen** (alle Chromosomen außer den Geschlechtschromosomen). Gonosomen sind das X-Chromosom und das Y-Chromosom, die für den kleinen Unterschied zwischen Frauen (XX) und Männern (XY) verantwortlich sind.

> **Merke!**
>
> Menschen haben 44 Autosomen und zwei Gonosomen.

Abb. 43, S. 52 zeigt den ultrastrukturellen Aufbau eines Chromosoms.

Im Zellkern liegt die DNA nicht allein vor, sondern als Komplex mit RNA und Proteinen. Solche Komplexe bezeichnet man auch als **Chromatin**. Bei den assoziierten Proteinen unterscheidet man Histone und **Nichthistone**. Nichthistone sind z. B. die Strukturproteine des Zellkerns und Enzyme. Da sie bislang immer wieder gern geprüft wurden, stellen wir nun die wissenswerten Fakten zu den Histonproteinen vor:
– Bei den Histonen unterscheidet man die Untertypen H1, H2A, H2B, H3 und H4.
– Acht Histonproteine bilden mit der DNA ein **Nukleosom** (s. Abb. 44, S. 53). Dabei ist die DNA ca. 1 ¾ mal um den oktameren Histonkomplex gewunden.
– Ein Nukleosom beinhaltet je zwei Untertypen H2A, H2B, H3 und H4 (nach Adam Riese: 8 Histone).
– Der H1-Typ kommt zwischen den einzelnen Nukleosomen vor und stabilisiert dort die DNA, die die Nukleosomen verbindet (Linker-DNA, s. Abb. 44, S. 53).

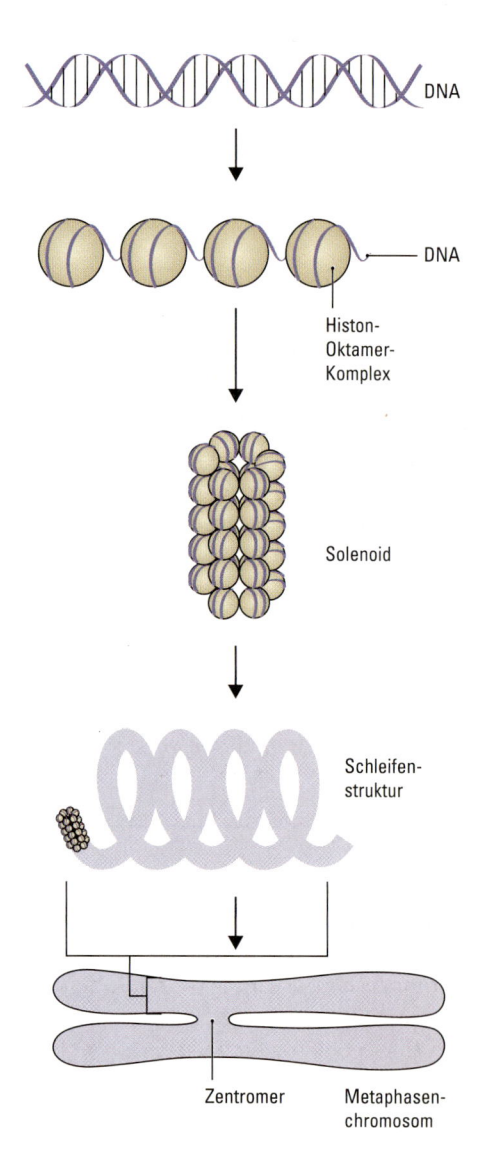

Abb. 43: Chromosomen-Spiralisation

medi-learn.de/6-bio1-43

2.2 Chromosomen

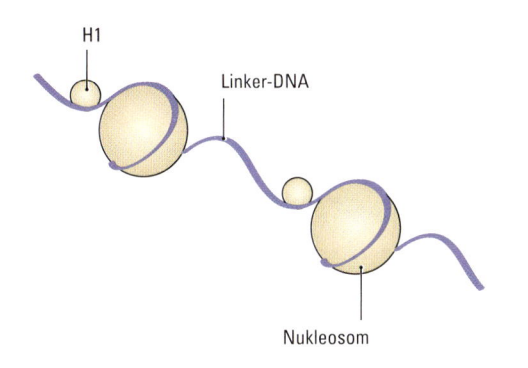

Abb. 44: Histonproteine *medi-learn.de/6-bio1-44*

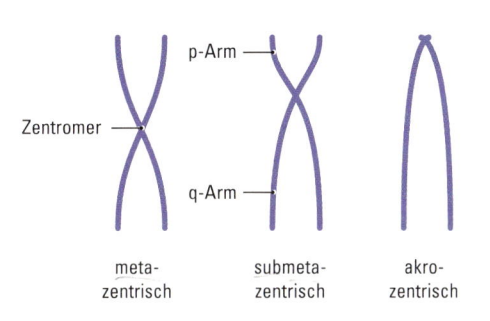

Abb. 45: Chromosomen-Morphologie *medi-learn.de/6-bio1-45*

> **Merke!**
>
> Histone werden wie alle zellulären Proteine im Zytosol an freien Ribosomen synthetisiert.

Der auf die Nukleosomen folgende, nächst höhere DNA-Kondensationsgrad ist das Solenoid. So kann es lokal entspiralisiert und abgelesen werden. Während der Mitose (s. 1.7.2, S. 33) wird das Chromatin dagegen maximal kondensiert: Es bilden sich **Schleifen** und **Minibanden**, wodurch die **Chromosomen** entstehen.

> **Merke!**
>
> In der Interphase liegt das Chromatin als relativ locker gepacktes aktives Euchromatin oder stärker spiralisiertes passives Heterochromatin vor (s. Zellkern, 1.4, S. 16).

Betrachten wir nun die Morphologie der Chromosomen etwas genauer. Geübte Genetiker können mit einem Blick verschiedene Chromosomen erkennen und zuordnen. Von den Medizinstudenten wird das (bisher) glücklicherweise noch nicht erwartet, prüfungsrelevant sind aber die allgemeinen Strukturmerkmale, nach denen die Chromosomen klassifiziert werden können:

Lage des Zentromers	akrozentrisch, submetazentrisch, metazentrisch
Armlänge	den kurzen Arm nennt man p-Arm, den langen q-Arm
Giemsa-Bandenmuster, Fluoreszenzmuster	spezifische Erkennungsmerkmale der einzelnen Chromosomen (nicht eingezeichnet); sehr stark spiralisierte Bereiche färben sich dunkler

Tab. 10: Chromosomen-Morphologie

Neben diesen klassifikatorischen Merkmalen gibt es noch einige wichtige Regionen an den Chromosomen, die man kennen sollte:

Zentromer	Ansatzstelle am Chromosom für die Spindelfasern
Kinetochor	Multienzymkomplex am Zentromer; dient der Verankerung von Mikrotubuli, aus denen die Mitosespindel besteht
Telomer	spezifische DNA-Sequenzen an den Chromosomenenden; diese Sequenzen tragen KEINE genetische Information

Tab. 11: Wichtige Chromosomenregionen

2 Genetik

Auch ein paar allgemeine Fakten zur Größe und **Gendichte** (definiert als Gene pro Millionen Basenpaare) sollte man sich zu bestimmten Chromosomen merken:

Chromosom 1	Das größte menschliche Chromosom mit knapp 250 Millionen Basenpaaren.
Chromosom 19	Das Chromosom mit der größten Gendichte.
Chromosom Y	Das kleinste Chromosom. Gleichzeitig weist es die geringste Gendichte auf.

Tab. 12: Größe und Gendichte ausgewählter Chromosomen

2.2.1 Karyogrammanalyse

Die Karyogrammanalyse wird standardmäßig mit den **Lymphozyten** des Blutes durchgeführt. Bei der pränatalen Diagnostik werden hierfür Amnionzellen verwendet. Eine Analyse ist aber auch mit Knochenmarkszellen und Bindegewebszellen möglich.

Zur Durchführung: Chromosomen kann man untersuchen, indem man sie in der Metaphase der Mitose arretiert. Hier liegen die Chromosomen maximal kondensiert vor und man kann sie somit gut beurteilen. Zum Arretieren (Stoppen) benutzt man das Pflanzengift **Colchizin**. Dieses lagert sich den Tubulinen an, die so nicht mehr zu Mikrotubuli polymerisieren können. Ohne Mikrotubuli kann jedoch der Spindelapparat nicht ausgebildet werden, und die Trennung der Schwesterchromatiden unterbleibt (s. Mikrotubuli, S. 11).

Man unterteilt die Chromosomen in sieben Hauptgruppen mit den Buchstaben A bis G. Das X-Chromosom gehört zur C-Gruppe, das Y-Chromosom zur G-Gruppe.

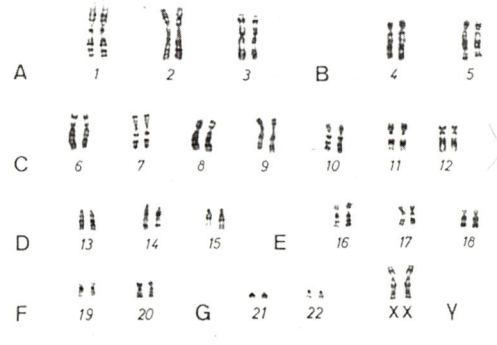

Hier ist ein normaler weiblicher Karyotyp (46, XX) zu sehen. Es gibt insgesamt regelrecht 44 Autosomen und zwei Gonosomen.

Abb. 46: Normaler weiblicher Karyotyp

medi-learn.de/6-bio1-46

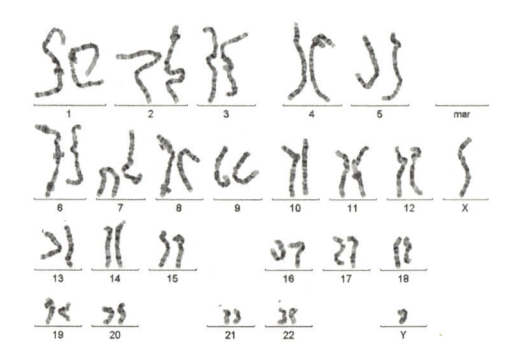

Hier ist ein normaler männlicher Karyotyp (46, XY) zu sehen. Man findet insgesamt 44 Autosomen und zwei Gonosomen.

Abb. 47: Normaler männlicher Karyotyp

medi-learn.de/6-bio1-47

2.2.2 Chromosomenaberrationen

Man unterscheidet numerische und strukturelle Chromosomenaberrationen. Da diese Störungen immer wieder gerne geprüft werden, lohnt sich auch hier der Lernaufwand.

> **Übrigens ...**
> Mit Hilfe einer Karyogrammanalyse lassen sich einige (nicht alle) Chromosomenaberrationen feststellen.

2.2.2 Chromosomenaberrationen

Numerische Chromosomenaberrationen

Unter einer numerischen Aberration versteht man eine Fehlverteilung von Chromosomen. Eine **Monosomie** bedeutet, dass ein Chromosom nur einmal vorhanden ist, bei einer **Trisomie** ist es dagegen ein Mal zuviel, also dreimal, vorhanden.
Solch eine Abweichung vom normalen (euploiden) Chromsomensatz kann durch Non-Disjunction bei den mitotischen Teilungen während der Keimzellbildung von Mann und Frau auftreten.

> **Übrigens ...**
> Für die gonosomalen Chromosomen gibt es einige Unterschiede (s. Non-Disjunction, S. 38).

Das ist aber nicht der einzige kritische Zeitpunkt: Auch während der Furchungsteilungen der Zygote können Störungen auftreten, wodurch ein **Mosaik-Organismus** entstehen kann. Unter einem Mosaik versteht man hier die Anwesenheit von Zellen, die sich durch ihre Chromosomenzahl unterscheiden. Von diesen numerischen Aberrationen sind also nicht alle Zellen des Körpers betroffen, sondern nur die Nachkommen der Zellen, in denen bei den Furchungsteilungen eine Fehlverteilung stattgefunden hat.
Tab. 13, S. 55 listet die wichtigsten numerischen Aberrationen auf. Die bekannteste Trisomie ist sicherlich die Trisomie 21 (Down-Syndrom). Betroffene Menschen zeigen eine verzögerte geistige und körperliche Entwicklung. Es gibt eine Reihe sogenannte „Stigmata", die beim Down-Syndrom besonders häufig auftreten können. Hierzu zählen exemplarisch: Herzfehler, Vierfingerfurchen, Sandalenlücken und mongoloide Lidspalten.

Pätau-Syndrom	autosomale Trisomie (Chromosom 13)
Edwards-Syndrom	autosomale Trisomie (Chromosom 18)
Down-Syndrom	autosomale Trisomie (Chromosom 21)
(Ullrich)-Turner-Syndrom	gonosomale Monosomie (X0)
Klinefelter-Syndrom	gonosomale Trisomie (XXY)
Triple-X-Syndrom	gonosomale Trisomie (XXX)
XYY-Syndrom	gonosomale Trisomie (XYY)

Tab. 13: Chromosomenaberrationen

> **Übrigens ...**
> Das zweite Y-Chromosom beim XYY-Syndrom bezeichnete man früher als Verbrecherchromosom, weil angeblich unter Kriminellen gehäuft Fälle dieser Chromosomenverteilung auftraten. Diese Theorie wurde aber widerlegt. Die Kinder gelten weitgehend als körperlich und geistig unauffällig.

Der Nachweis des Geschlechts oder einer numerischen Aberration gonosomaler Chromosomen kann auch über Barr-Körperchen und F-Bodies erbracht werden:
– Bei einem **Barr-Körperchen** handelt es sich um ein kondensiertes X-Chromosom der Frau. Man kann solche Körperchen schon lichtmikroskopisch an Zellkernen eines Mundschleimhautabstriches sehen. Eine Karyogrammanalyse ist hier also nicht nötig.
– Die **F-Bodies** sind die langen Arme der Y-Chromosomen, die sich mit fluoreszierenden Farbstoffen besonders gut anfärben lassen und leuchten. Besitzt ein Karyogramm also ein Y-Chromosom, hat es auch einen F-Body.

2 Genetik

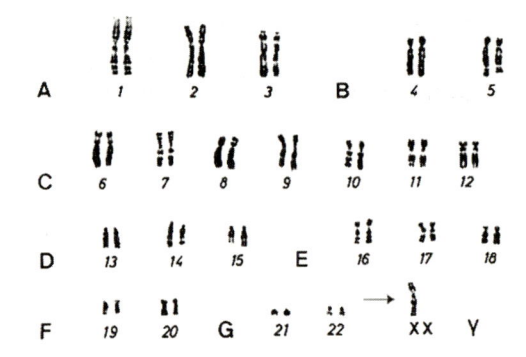

Abb. 48: Turner-Syndrom: Es gibt 44 Autosomen, aber nur ein Gonosom (= 1 X-Chromosom)

medi-learn.de/6-bio1-48

nicht immer unter dem Lichtmikroskop nachweisbar, da sich eine Störung erst ab einer bestimmten Größe erkennen lässt.

Man kann an den Chromosomen verschiedene Umbauvorgänge unterscheiden. Mit der nebenstehenden Tab. 15, S. 57 hast du zu diesem Thema einen Überblick.

	Karyogramm	Barr-Körperchen	F-Body
gesunder Mann	46, XY	nein	ja
gesunde Frau	46, XX	ja (1)	nein
(Ullrich)-Turner-Syndrom	45, X0	nein	nein
Klinefelter-Syndrom	47, XXY	ja (1)	ja
Triple-X-Syndrom	47, XXX	ja (2)	nein
XYY-Syndrom	47, XYY	nein	ja (2)

Tab. 14: Vorkommen von Barr-Körperchen und F-Bodies

Warum entwickeln Frauen Barr-Körperchen? Um normal zu funktionieren, muss der weibliche Organismus ein X-Chromosom zu fakultativem Heterochromatin inaktivieren. Dieses Phänomen nennt man **Lyon-Hypothese**. Demnach ist die Wahl des zu inaktivierenden X-Chromosoms zufällig, geschieht aber schon während der Frühphase der Embryonalentwicklung. Als Grund wird ein Gen-Dosis-Ausgleich angenommen. So wird garantiert, dass bei beiden Geschlechtern Genprodukte der X-Chromosomen in etwa gleicher Menge vorhanden sind. Anders ausgedrückt: Der Mann besitzt ein X-Chromosom, die Frau zwei. Um die Männer nicht völlig zu benachteiligen, inaktiviert die Frau netterweise ein X-Chromosom. Auf dem Y-Chromsom finden sich relativ zum X-Chromosom kaum Informationen (genauer: nur für knapp 80 Proteine). Diese Inaktivierung eines X-Chromosoms wird über das **Xist-Gen** (**i**nactive **s**pecific **t**ranscript) gesteuert. Die Tab. 14, S. 56 fasst das Vorkommen von Barr-Körperchen und F-Bodies zusammen.

Strukturelle Chromosomenaberrationen

Strukturelle Chromosomenaberrationen kommen im Vergleich zu numerischen relativ selten vor. Im Gegensatz zu numerischen sind strukturelle Chromosomenfehlverteilungen

2.2.3 Epigenetik

Die Epigenetik beschreibt Chromosomen-Modifikationen, die nicht auf der Veränderung der DNA-Sequenz beruhen. Die Hauptmechanismen, die hier zum Tragen kommen, sind Modifikationen bestimmter DNA-Basen (z. B. durch DNA-Methylierung/Demethylierung) und Veränderungen des Chromatins (bestimmte Histonmodifikationen). Auf diese Weise können Gene inaktiviert oder aktiviert werden. Diese Regulationszustände können auf diese Weise auch über eine längere Zeit fixiert werden.

2.2.3 Epigenetik

Übrigens ...
Bei der DNA-Methylierung wird an die Base Cytosin eine Methylgruppe (-CH3) angehängt. Werden viele Cytosine methyliert binden weitere Proteine an dem DNA-Abschnitt und das Gen wird kaum noch abgelesen und somit inaktiviert.

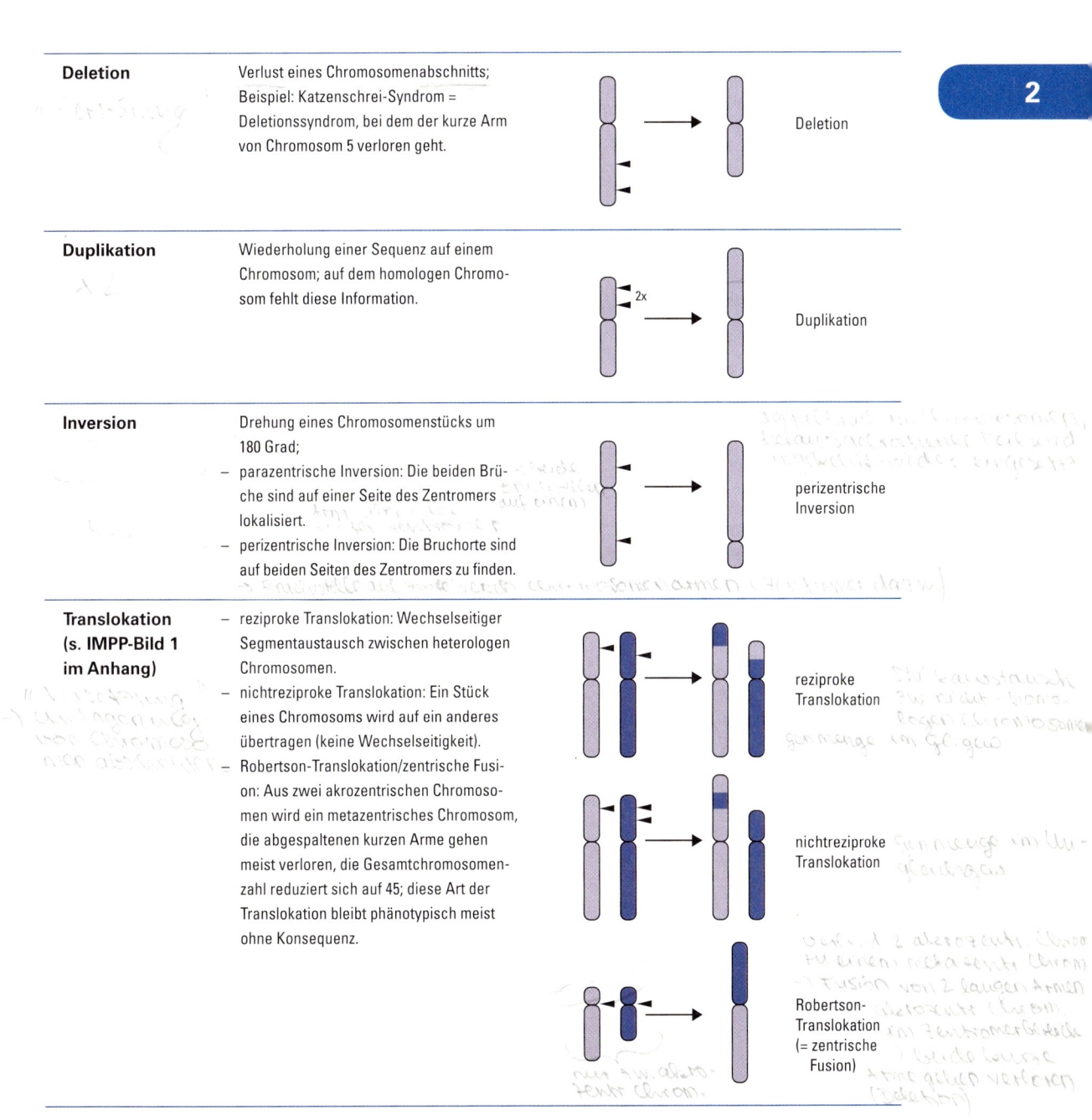

Deletion	Verlust eines Chromosomenabschnitts; Beispiel: Katzenschrei-Syndrom = Deletionssyndrom, bei dem der kurze Arm von Chromosom 5 verloren geht.	Deletion
Duplikation	Wiederholung einer Sequenz auf einem Chromosom; auf dem homologen Chromosom fehlt diese Information.	Duplikation
Inversion	Drehung eines Chromosomenstücks um 180 Grad; – parazentrische Inversion: Die beiden Brüche sind auf einer Seite des Zentromers lokalisiert. – perizentrische Inversion: Die Bruchorte sind auf beiden Seiten des Zentromers zu finden.	perizentrische Inversion
Translokation (s. IMPP-Bild 1 im Anhang)	– reziproke Translokation: Wechselseitiger Segmentaustausch zwischen heterologen Chromosomen. – nichtreziproke Translokation: Ein Stück eines Chromosoms wird auf ein anderes übertragen (keine Wechselseitigkeit). – Robertson-Translokation/zentrische Fusion: Aus zwei akrozentrischen Chromosomen wird ein metazentrisches Chromosom, die abgespaltenen kurzen Arme gehen meist verloren, die Gesamtchromosomenzahl reduziert sich auf 45; diese Art der Translokation bleibt phänotypisch meist ohne Konsequenz.	reziproke Translokation nichtreziproke Translokation Robertson-Translokation (= zentrische Fusion)

Tab. 15: Strukturelle Chromosomenaberrationen

DAS BRINGT PUNKTE

Das Thema Genetik ist ein ziemlich großes Teilgebiet der Biologie. Zu den **Nukleinsäuren** solltest du dir auf jeden Fall merken, dass
- es in der DNA die Purinbasen Adenin (A) und Guanin (G) sowie die Pyrimidinbasen Cytosin (C) und Thymin (T) gibt,
- für die Basenpaarungen A=T und C≡G gilt,
- die RNA die Base Uracil anstatt der Base Thymin beinhaltet.

Zur **Replikation** wurde immer wieder gefragt, dass
- die Synthese der DNA immer nur in 5´-3´-Richtung vonstatten geht und dabei nur ein Strang (der Führungsstrang/Leitstrang) kontinuierlich synthetisiert wird,
- der Folgestrang diskontinuierlich hergestellt wird,
- die DNA semikonservativ repliziert wird.

Für die **Translation** ist besonders wissenswert, dass
- die Reifung der mRNA sich aus drei Schritten zusammensetzt: Capping, Poly-Adenylierung und Spleißen,
- das Capping am 5´- Ende und die Poly-Adenylierung am 3´- Ende der RNA stattfinden,
- bei der Translation die Basensequenz der mRNA in ein Protein übersetzt wird,
- die Translation an den Ribosomen stattfindet; dabei werden mit Aminosäuren beladene tRNAs benutzt, die passgenau an der mRNA ansetzen können, wenn sie über das entsprechende Anticodon verfügen,
- beim Erreichen eines der drei Stoppcodons die Translation endet,
- zu den posttranslationalen Veränderungen u. a. die limitierte Proteolyse, die N- und O-Glykosylierung, die Phosphorylierung und die Sulfatierung gehören. Für den Beginn einer Transkription wird auf der DNA eine Promotorregion gebraucht, das Ende wird durch eine Terminatorregion definiert.

FÜRS MÜNDLICHE

Nach dieser Einführung in die Welt der Genetik folgen jetzt die Fragen der Prüfungsprotokoll-Datenbank zur Überprüfung der gelernten Fakten.

1. Sagen Sie, wie sieht der Informationsfluss von der genetischen Information bis zum Protein aus?

2. Welche unterschiedlichen Arten der RNA kennen Sie?

3. Was machen Sie mit einer Code-Sonne?

4. Können Sie mir beispielhaft drei Arten der posttranslationalen Modifikation nennen?

1. Sagen Sie, wie sieht der Informationsfluss von der genetischen Information bis zum Protein aus?

Die genetische Information wird in Form von DNA gespeichert. Die DNA wird transkribiert, es entsteht hnRNA. Diese reift durch Cap-

FÜRS MÜNDLICHE

ping, Poly-Adenylierung und Spleißen zur mRNA. Diese wird an den Ribosomen in eine Aminosäuresequenz übersetzt. Zum Schluss kommt es noch zu posttranslationalen Modifikationen, z. B. zur Glykosylierung und/oder zur Phosphorylierung.

2. Welche unterschiedlichen Arten der RNA kennen Sie?
Die hnRNA (heterogene nukleäre RNA) entsteht als primäres Transkriptionsprodukt. Daraus entsteht die mRNA (messengerRNA) durch Reifung. tRNA (transferRNA) wird für die Proteinsynthese gebraucht. Diese RNA bringt aktivierte Aminosäuren zum Ribosom, die dann zu einer Kette verbunden werden. Ribosomen bestehen selbst auch aus RNA, der rRNA (ribosomale RNA). Dann gibt es noch snRNA (small nuclear RNA), die Bestandteil des Spleißosoms ist, und die scRNA (small cytoplasmic RNA), die Bestandteil des SRPs (Signal Recognition Particle) ist (s. a. Tab. 9, S. 48).

3. Was machen Sie mit einer Code-Sonne?
Mit einer Code-Sonne kann man den genetischen Code ablesen. Das geht in zwei Richtungen: Man kann von einer Nukleotidsequenz auf eine Aminosäure(sequenz) schließen, aber auch von einer Aminosäure(sequenz) auf die zugrunde liegende Nukleotidsequenz.

4. Können Sie mir beispielhaft drei Arten der posttranslationalen Modifikation nennen?
Es gibt z. B. (1) die limitierte Proteolyse, bei der Teile der primären Aminosäurekette abgespalten werden. Dann gibt es (2) die N-Glykosylierung und die O-Glykosylierung, bei der Zuckermoleküle an Stickstoffatomen (N) oder Sauerstoffatomen (O) angebaut werden. Weiterhin können (3) Disulfidbrücken eingebaut werden.

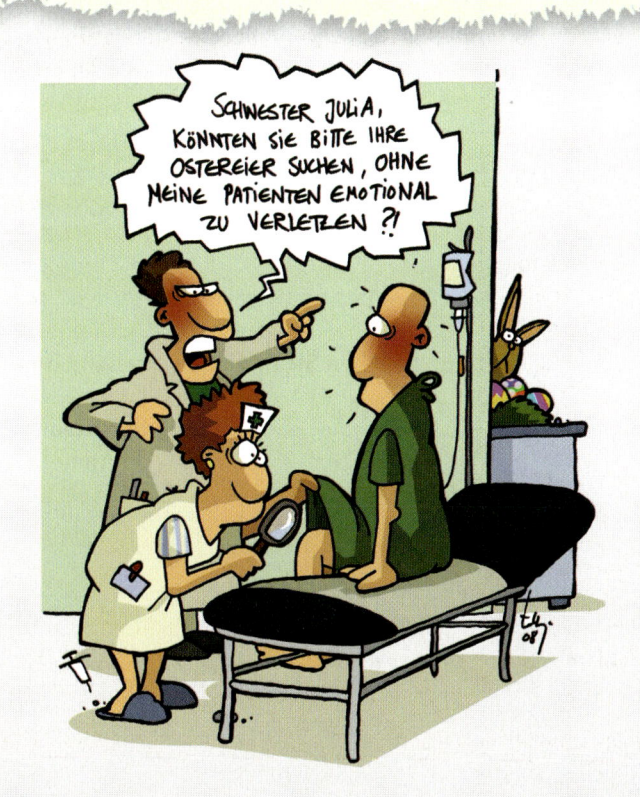

Pause

Geschafft!
Gönne dir eine Pause, bevor es mit dem Kreuzen und Genetik Teil 2 in Biologie 2 weitergeht.

Ein besonderer Berufsstand braucht besondere Finanzberatung.

Als einzige heilberufespezifische Finanz- und Wirtschaftsberatung in Deutschland bieten wir Ihnen seit Jahrzehnten Lösungen und Services auf höchstem Niveau. Immer ausgerichtet an Ihrem ganz besonderen Bedarf – damit Sie den Rücken frei haben für Ihre anspruchsvolle Arbeit.

- Services und Produktlösungen vom Studium bis zur Niederlassung
- Berufliche und private Finanzplanung
- Beratung zu und Vermittlung von Altersvorsorge, Versicherungen, Finanzierungen, Kapitalanlagen
- Niederlassungsplanung & Praxisvermittlung
- Betriebswirtschaftliche Beratung

Lassen Sie sich beraten!

Nähere Informationen und unseren Repräsentanten vor Ort finden Sie im Internet unter www.aerzte-finanz.de

Deutsche Ärzte Finanz

Standesgemäße Finanz- und Wirtschaftsberatung

IMPP-Bilder

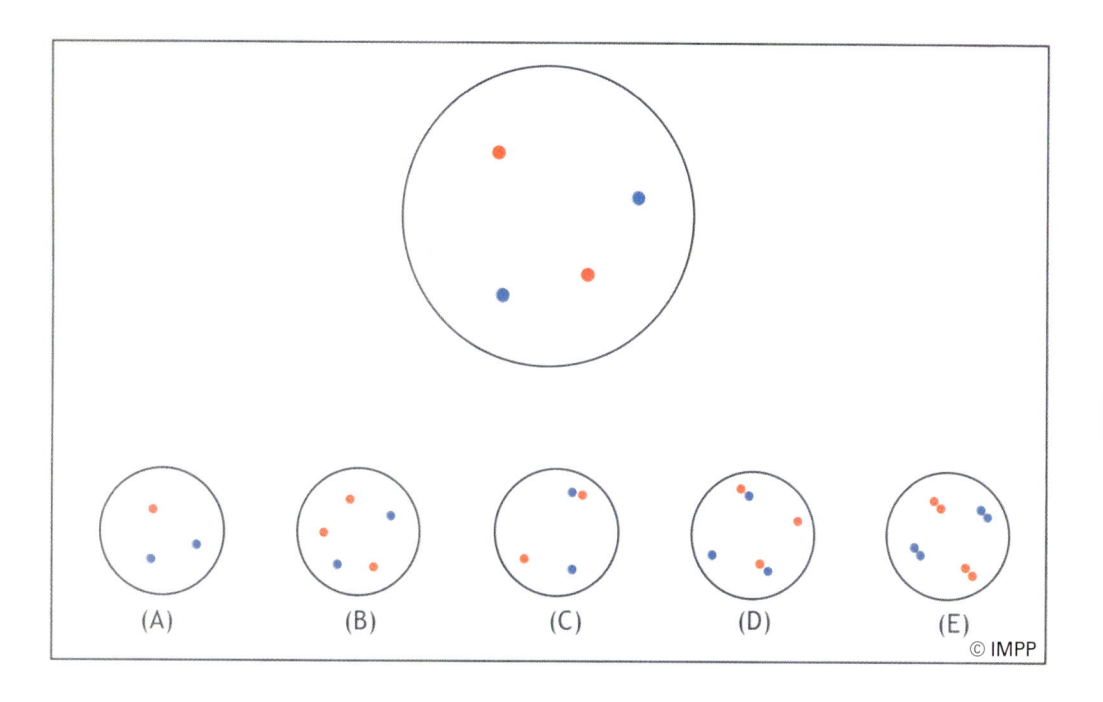

Anhang

IMPP-Bild 1: Translokation

medi-learn.de/6-bio1-impp1

Diese schematische Darstellung zeigt im oberen Teil einen normalen Zellkern nach **Fluoreszenz-in-situ-Hybridisierung** (FISH) mit einer Sonde für das c-myc-Gen (blau) auf Chromosom 8 und für den Ig-Locus auf Chromosom 14 (rot). Bei der FISH werden Gene durch Anlagerung spezifischer Sonden markiert. Diese Gensonden tragen verschiedenfarbige Fluoreszenzfarbstoffe. Nach erfolgreicher Anlagerung der Sonden an ihre komplementären Gene kann man unter dem Fluoreszenz-Mikroskop die einzelnen Gene als verschiedenfarbige Punkte (hier rot und blau) sehen.

Bei der zugehörigen IMPP-Frage ging es um die Translokation eines dieser beiden Gene. Zur Beantwortung der Frage musste der passende Zellkern gefunden werden.

Prinzipiell ist diese Aufgabe durch einfaches Punktezählen zu lösen: In vier Abbildungen kommen die Signale nicht mehr doppelt vor, sondern dreimal (A), fünfmal (B), sechsmal (D) und achtmal (E). Da sich bei der Translokation der Gesamtbestand der markierten Genloci jedoch nicht verändert, war C die richtige Lösung. (Anmerkung: Eine Ausnahme stellt die Robertson-Translokation dar, bei der genetisches Material verloren gehen kann. Davon war in der Fragestellung aber nicht die Rede.)

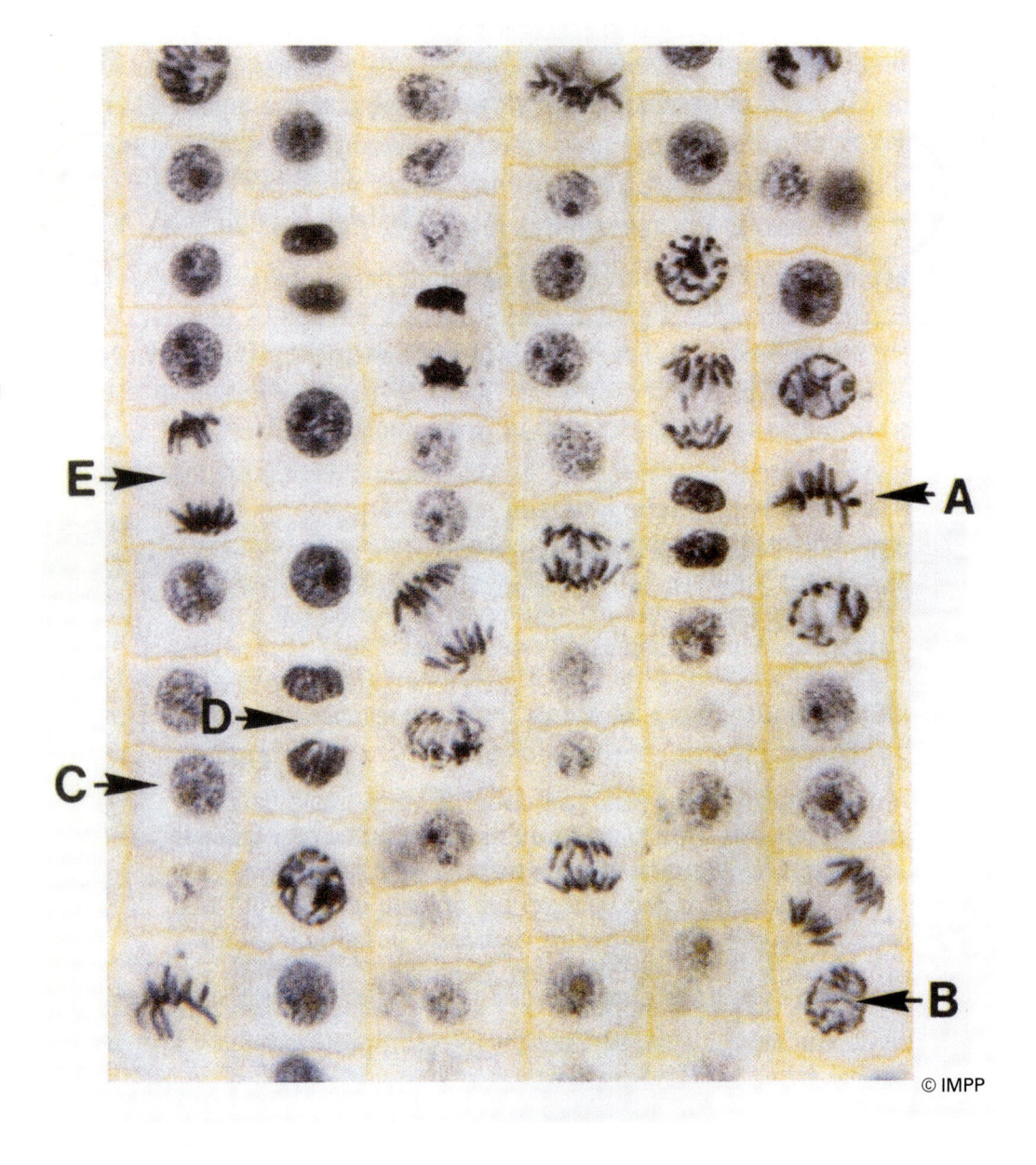

IMPP-Bild 2: Mitosestadien

medi-learn.de/6-bio1-impp2

Zu sehen sind sich teilende Zellen aus der Spitze einer Zwiebelwurzel.

A zeigt die Metaphase.
B und **E** zeigen die Anaphase, wobei man in B ein frühes und in E ein spätes Stadium der Anaphase sieht.
C zeigt einen normalen Interphasezellkern.
D zeigt eine Telophase (das Ende der mitotischen Zellteilung).

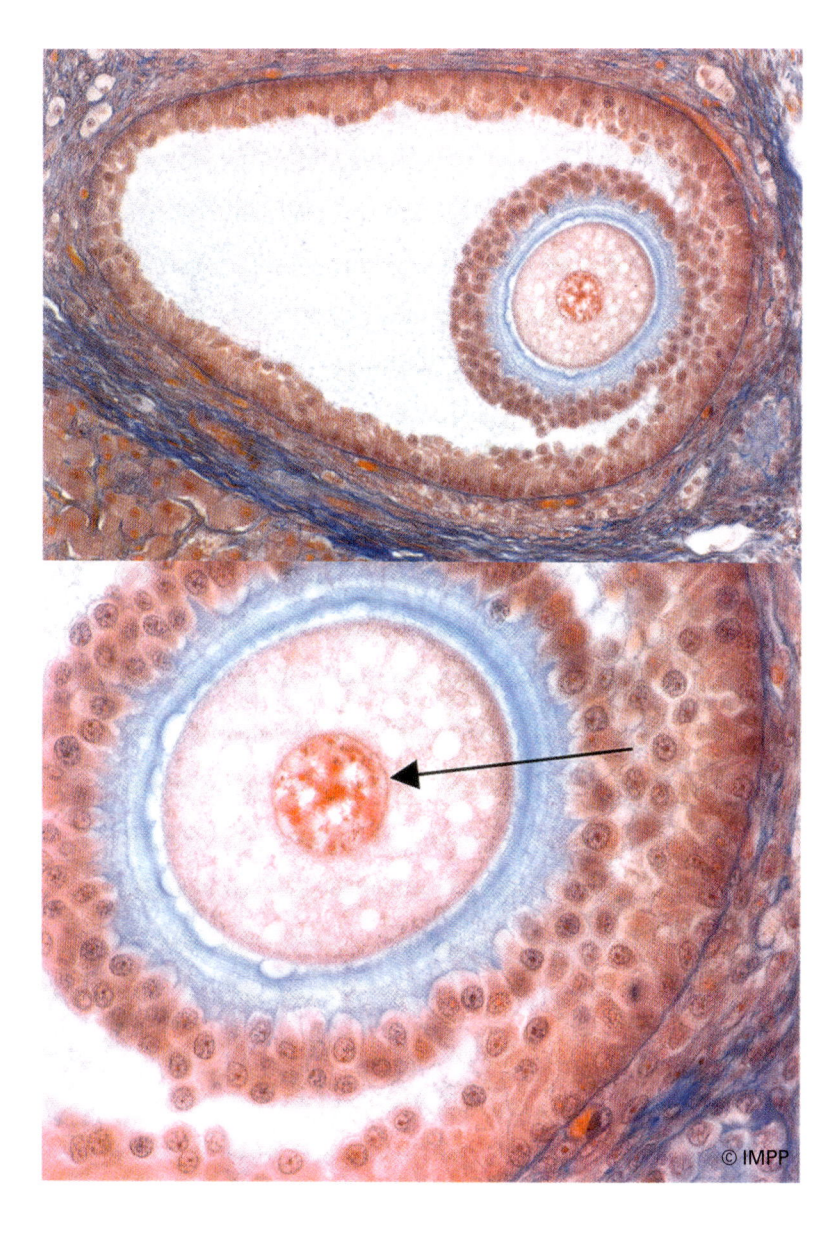

IMPP-Bilder

IMPP-Bild 3: Tertiärfollikel

medi-learn.de/6-bio1-impp3

Die Abbildung zeigt einen Tertiärfollikel, welcher im ovariellen Stroma liegt. Die Eizelle befindet sich noch vor Beendigung der ersten Reifeteilung, denn diese wird erst kurz vor der Ovulation beendet. (Wäre die erste Reifeteilung beendet, müsste man auch ein Polkörperchen sehen.) Die hier sichtbare primäre Oozyte liegt aber noch im Diktyotänstadium (s. Abschnitt Oogenese, S. 38): Die DNA ist schon verdoppelt worden, daher ist der DNA-Gehalt mit 4C anzugeben. Nach diesem DNA-Gehalt war auch durch das IMPP gefragt worden. Erst kurz vor der Ovulation werden die Chromosomen dann auf die sekundäre Oozyte und das Polkörperchen gleichmäßig verteilt. Der Pfeil zeigt im Übrigen direkt auf die Kernhülle, wo die Kernporen lokalisiert sind (eine weitere Frage des IMPP).

Index

A
Adaptation 41
Adapterprotein 5
Adenin 46, 58
Akrosom 25, 27, 37
akrozentrisch 53, 57
Aktin 10, 14, 24, 26
Aktinfilament 5, 6, 7
α-Aktinin 6
Aminosäure, proteinogene 47
Amitose 34
Amnionzelle 54
amphipathisch 2
amphiphil 2
Anämie 15
Anaphase 33, 62
Anker, lipophiler 4
Ankyrin 14
anterograd 12
Anticodon 51, 58
Anti-Onkogen 31
Apoptose 17, 26, 40, 41
– extrinsisch 40
– intrinsisch 40
Apoptosekörper 40
apoptotic bodies 40
Äquatorialebene 42
Astrozytom 11
Atmungskette 19, 26
ATP-Synthese 19
Atrophie 39, 42
A-Tubulus 11
Autoimmunerkrankungen 17
Autolysosom 25, 27
Autosom 36, 52, 54
Axonema 37

B
Band 3 14
Barbiturate 22
Barrett-Metaplasie 39
Barr-Körperchen 55, 56
Basalkörperchen 10, 13
Basenpaarung 58
Basensequenz 51, 58
Bauchhöhlenschwangerschaft 38
Bax 40
B-cell lymphoma 2 proteine 40
Bcl-2 40
Bcl-2 associated X-proteine 40
Becherzelle 8
Befruchtung 37, 38
Bilayer 3
Biotransformation 22, 27
Bivalente 35
Blasensucht 6
Blastem 39
Blausäure 19
Blutkörperchen, rote 14
B-Tubulus 11
Bürstensaum 8

C
Cadherine 5, 7
– E-Cadherine 5, 6
– N-Cadherine 6
– P-Cadherine 6
Calciumspeicher 23
Capping 50, 58
Carboxylierung 51
Cardiolipin 19
Caspasen 17, 40, 41
Catechol-O-Methyltransferase (COMT) 19
Caveolae 4
Caveolin 5
CD95 40
CDK1/Cyclin B 32
CDKs 32
Chemotaxis 14
Chiasma 36
Cholesterin 1, 3
Chromatide 31
– Schwesterchromatiden 36, 38, 41, 54
Chromatin 16, 52
Chromosom 16, 31, 35, 38, 42, 52, 52–74, 53
– akrozentrisches 17, 57
– Chromosom 1 54
– Chromosom 8 61
– Chromosom 19 54
– Chromosom Y 54
– diploides 33, 35

- homologes 35, 38, 41
- metazentrisches 57
- Morphologie 53
- Nichttrennung 38
Chromosomenaberration 54
- numerische 55
- strukturelle 56
Chromosomenanalyse 13
Chromosomenfehlverteilungen 38
Chromosomenregionen 53
Chromosomensatz 31, 33, 35
- Cytochrom c 17, 40
- diploid 31
- haploid 31
cis-Doppelbindung 3
cis-Golgi-Zisterne 1
Citratzyklus 19, 26
Clathrin 24
Clathrinmolekül 24, 29
Claudine 5
Coated Pit 24, 29
Coated Vesicle 24, 29
Code-Sonne 47, 58, 59
Codon 47, 51
Colchizin 13, 54
Connexin 7
Connexon 7, 26
Corona radiata 25
Cristae-Typ 18
Crossing-over 36, 41
C-Tubulus 12
Cyclin 32
Cyclin-abhängige Kinasen 32
cyclin-dependent kinases 32
Cytochrom c 17, 40
Cytochrom-c-Oxidase 19
Cytochrom P450 22
Cytosin 46, 58

D

Darmepithel 8
Darmzelle 8
Degeneration 47
Degradation 40
Dehydroxy-Uridin 48
Deletion 57
Demethylierung 56

Desmin 11
Desmoglein 6, 7
Desmoplakin 6, 7
Desmosom 1, 6, 7, 28
Diagnostik, pränatale 54
Diakinese 35
Differenzierung, terminale 30
Diffusion, laterale 3
Diktyosom 23
Diktyotän 38
Diktyotänstadium 63
Dimer 9
Diplotän 35
Disulfidbrücke 51
DNA 26, 45, 46, 58
- bakterielle 19
- DNA-Gehalt 34
- Kern-DNA 19
- mtDNA 19, 20, 26
- repetitive 46
- Replikation 48
- Struktur 45
- Transkription 49
DNA-abhängige RNA-Polymerase 49
DNA-Bindeproteine 48
DNA-Gehalt 33
DNA-Ligase 48, 49
DNA-Methylierung 56
DNA-Polymerase 48, 49
DNAsen 17
Doppelhelix 46
Doppelmembran 3, 25, 26
Down-Syndrom 55
Ductus epididymidis 11
Dünndarmepithel 5
Duplette 12
Duplikation 57
Durchflusszytometer 34
Dynein 12, 26

E

Edwards-Syndrom 55
Einheitsmembran 1, 2
Eizelle 25, 35, 38, 63
Ektoplasma 13
Endomitose 34
Endonuklease 49

Index

Endoplasmatisches Retikulum 20, 22, 27
- glattes 1, 22
- raues 1, 20, 21

Endosom 1, 24
Endosymbiontentheorie 19, 27, 28
Endozytose 1
- rezeptorvermittelte 23, 27, 29

Enterozyt 8
Entoplasma 13
Epidermiolysis bullosa simplex hereditaria 11
Epigenetik 56
Epithel 8
Epithelzelle 5, 27, 28
Erkrankung, mitochondriale 20
Erythrozyt 14, 18
- Zytoskelett 14

Etherlipid 25
Euchromatin 16, 27, 28, 53
euploid 55
Exekution 40
Exon 50, 51
Exonuklease 48, 49
Exozytose 1
Exportprotein 21
Exzisionsreparatur 49

F

FAS-Rezeptor 40
F-Bodies 55, 56
F-Body 56
Fettsäure 3
- gesättigte 2
- Kettenlänge 3
- Sättigungsgehalt 3
- ungesättigte 2

Fettstoffwechsel 23, 27
Fibrillarin 17
Fibroblast 34
Fibronektin 8
Fimbrin 10
FISH 61
Flipase 4
Flip-Flop 3, 4
Fluidität 4
Fluiditätspuffer 3
Fluid-Mosaik-Modell 4, 27

Fluoreszenz-in-situ-Hybridisierung 61
Furchungsteilung 55

G

G_0-Stadium 30
G_1-Phase 30, 34, 41
G_1/S-Kontrollpunkt 30
G_2/M-Kontrollpunkt 31
G_2-Phase 30, 31, 41
Galactosyl-Transferase 23
Gap Junction (Nexus) 1, 6, 7, 26, 28
Gen 45, 46, 52
- eukaryontisches 45
- redundantes 46

Gendichte 54
Gen-Dosis-Ausgleich 56
Gene, eukaryontischer 45
- Organisation 45

Genetik
- Übersicht 45

Genetischer Code 19, 47
- Degeneration des Genetischen Codes 47

Genom 16, 52
Gensonde 61
Geschlechtschromosom 52
Geschlechtszelle 35, 36
Glanzstreifen 6
Glial Fibrillary Acidic Proteine (GFAP) 11
Glycerin 2
Glykogen 17
Glykokalix 1, 4
N-Glykosylierung 51
O-Glykosylierung 51
Glykosyl-Phosphatidylinositol 4
Golgi-Apparat 23, 27, 51
- cis-Seite 23
- trans-Seite 23

Golgikomplex 23
Gonosom 36, 52, 54
- gonosomale Monosomie 55
- gonosomale Trisomie 55

GPI-Anker 4
Grenzfläche 2
Guanin 46, 58
Gürteldesmosom 5

H

H_2O_2 25, 27
Haftplaque 6
Haftplatte 6
haploid 35
Harnblasenepithel 5
H^+-ATPase 25
Helikase 48
Hemidesmosom 6, 8
Heterochromatin 16, 27, 28, 56
– fakultatives 16
– funktionelles 16
– konstitutives 16
Heterodimer 9, 11
Heterolysosom 25, 27
Heteroplasmie 20
Histon 17, 31, 52, 53
– H1 52
– H2A 52
– H2B 52
– H3 52
– H4 52
Histon-Oktamer-Komplex 52
Histonprotein 53
hnRNA (heterogene nukleäre RNA) 48, 49, 58
Hutchinson-Gilford-Syndrom 16
Hybridisierung 50
Hydrolase, saure 24
hydrophil 2
hydrophob 2
Hydroxylierung 51
hymin-Dimer 49
Hyperplasie 39, 42
Hypertrophie 39

I

Importine 16
inactive specific transcript 56
Initiation 40
– extrinsischer Weg 40
– intrinsischer Weg 40
Innenohr 11
$\alpha_6\beta_4$-Integrin 9
Integrine 8
Intermediärfilament 6, 7, 8, 10, 11, 26, 28
– Gewebespezifität 11

Intermembranraum 26
Interphase 30, 31, 35, 41
Interzellularraum 5
Intron 46, 50, 51
Invagination, basale 1
Inversion 57
– parazentrische 57
– perizentrische 57
Ischämie 39
Isopren 4

J

junktionaler Komplex 8

K

Kapazitation 37
Kartagener-Syndrom 13
Karyogramm 56
Karyogrammanalyse 54
Karyolyse 40
Karyorrhexis 40
Karyotyp 54
– männlicher 54
– weiblicher 54
Katalase 25, 27
Katzenschrei-Syndrom 57
Keimzellbildung 30
Keratinozyt 25
Kernäquivalent 37
Kernhülle 16, 26, 63
Kernkörperchen 17, 26
Kernlamina 11, 16, 26
Kernlokalisierungssignale 16
Kernmembran
– äußere 16
– innere 16
Kern-Plasma-Relation 17
Kernpore 16, 26, 63
Kernpyknose 40
Killerzelle, natürliche 40
Kinase, Cyclin-abhängige 32
Kinesin 12, 26
Kinetochor 53
Kinetosom 13
Kinozilien 12, 26
Kleeblattstruktur 48
Klinefelter-Syndrom 55, 56

Index

Kollagen 9
Kollagenose 17
Kompartimente 1
Kompartimentierung 26
Komplex, junktionaler 8
Kontakte, fokale 9
Kopplung 7
– elektrische 7
– Information 7
– metabolische 7
kovalent 3
Kugelzellanämie 14

L
Lamine 11, 16
laterale Diffusion 3, 4
Lecithin 2
Leptotän 35
Lidspalte 55
Li-Fraumeni-Syndrom 31
limitierte Proteolyse 51, 58
Linker-DNA 53
Lipid 1
Lipid-Doppelschicht 3
Lipid Rafts 4
Lipofuszin 25
lipophil 2
lipophob 2
Liposom 3
Lymphozyt 54
Lyon-Hypothese 56
Lysosom 23, 24, 25, 27
– primäres 1, 25, 29
– sekundäres 25, 29
– tertiäres 25
Lysosomenäquivalent 37

M
Macula adhaerens 6, 26, 28
Makrophage 24
Mannose-6-Phosphat 23
Matrixraum 19
Meiose 35, 38, 41
Melanin 25
Melanosom 25
Melanozyt 25
Membran 1, 2, 3, 4
– biologische Einheitsmembran 1
– Doppelmembran 3
– Fluidität 3
– Mitochondrienmembran 19
– zytoplasmatische Seite 4
Membranfluss 20
Membranprotein 21
– integrales 3, 5
Metaphase 33, 38, 42, 54, 62
Metaplasie 39, 42
metazentrisch 53
metazentrisches Chromosom 57
Microbodies 25
microtubule organizing center 10
Mikrofilament 10, 26, 28
Mikrotubuli 10, 11, 13, 26, 28, 53
Mikrotubulus (Singulette) 11
Mikrovilli 1, 8, 10
Miniband 53
Mitochondrien 18, 19, 20, 28
– Tubulus-Typ 18
Mitochondrium 1, 18
Mitose 30, 33, 41, 48, 54
– Index 33
– Spindel 13, 53
– Spindelgifte 13
– Stadium 41, 62
mitosis promoting factor (MPF) 32
Mizelle 2, 3
Modifikation, posttranslationale 51
MOMP (Mitochondrial outer Membrane Permeabilization) 40
Monoaminooxidase (MAO) 19
Monolayer 2
Monosomie, gonosomale 55
Mosaik-Organismus 55
Motorprotein 12
M-Phase 30, 31, 41
mRNA 20, 45, 48, 50, 58
– Reifung 45, 50
mtDNA 19
MTOC 10
Myelinscheide 25
Myosin 14, 24, 33
Myristinsäure 4

N

Nährmediumentzug 34, 35
Nekrose 39, 41
Nervenzelle 6
Nestin 11
Neurofilament 11
Neurotubuli 12
Nexin 13
Nexus 6
N-Glykosylierung 51
Nichthiston 52
Nissl-Schollen 21
NLS 17
Non-Disjunction 38, 41, 55
– X-Chromosomen 38, 41
– Y-Chromosomen 38, 41
NORs (Nucleolus-Organizer-Regions) 17
Noxe 39
– endogene 39
– exogene 39
nuclear localization signals 17
Nucleolus-Organizer-Regions 17
Nukleinsäuren 45, 58
Nukleolin 17
Nukleolus 1, 16, 17, 26
Nukleosom 52
Nukleotid 45, 47

O

Oberflächenfilm 2
Occludine 5, 7, 26
O-Glykosylierung 23, 51, 58
Okazaki Fragmente 48
Oogenese 38
Oozyte 63
Oozyte 1. Ordnung 38
Oozyte 2. Ordnung 38
Ösophagus 39
Ovulation 38, 63
β-Oxidation 19, 26

P

p53 31
Pachytän 35
Palmitinsäure 4
p-Arm 53
Pätau-Syndrom 55

Pemphigoid, bullöses 9
Pemphigus vulgaris 6
peripheral dense bands 10
Permeabilitätsbarriere 5, 26
Peroxidase 25, 27
Peroxisom 25, 27
– Leberperoxisom 25
Phagolysosom 1
Phagozytose 24, 40
Phosphat 2
Phospholipid 1, 2, 3, 4, 27
Phosphorylierung 23, 51, 58
Pinozytose 24
Plakoglobin 6
Plasmalogen 25
Plasmamembran 3
Plazentazelle 6
polar 2
Polkörperchen 38, 63
Poly-Adenylierung 50, 58
Poly-A-Sequenz 50
Polypeptidkette 51
Polysom 20, 21
Pore 7
Porine 18
Primer 48
Processing 50
Progerie 16
Prometaphase 33
Promotorregion 49, 58
Prophase 33
Proteasen 17
Proteasom 18, 26
Protein 1, 4, 5, 6, 7, 19, 20, 21, 23, 26, 27
– Exportprotein 20, 21, 27
– lysosomales Protein 20, 21, 27
– Membranprotein 5, 20, 21
– nukleäres Protein 20
– Transportprotein 4
– Verbindungsprotein 7
Protein 4.1 14
Protein 4.2 14
Proteinbiosynthese 45
protein-coding exons 46
Proteinmodifizierung 23, 59
– Phosphorylierung 23, 51, 58
– posttranslationale 23

Index

– Sulfatierung 23, 51, 58
Proteintunnel 7
Proteolyse, limitierte 51
Protofilamente 11
Pseudopodien 13
Purinbase 46, 58
Purine 46
Pyrimidinbase 46, 58
Pyrimidine 46

Q
q-Arm 53

R
Redundanz 46
Reifeteilung 35, 38, 41
– 1. Reifeteilung 35, 38, 41
– 2. Reifeteilung 35, 36, 38, 41
Rekombination 36
Replikation 31, 45, 46, 48, 49, 58
Replikationsenzym 30
Replikationsgabel 48
rER (raues ER) 20, 21, 23, 26, 51
Residualkörper 25
Retikulum, sarkoplasmatisches 23
retrograd 12
Rezeptor 2, 23
Ribosom 1, 16, 19, 20, 22, 26, 28, 48, 51, 58
– 70S (prokaryontisch) 19, 20, 26
– 80S (eukaryontisch) 19, 20, 26
– freies 20, 26, 53
– Lokalisation 20
– membrangebunden 20, 26, 27
– mitochondrial 19, 20, 27, 28
– Sedimentationskoeffizienten 20
– Untereinheit 20
Ribosom, freies 20
Rifampicin 22
RNA 17, 26, 41, 45, 47, 48, 58
– hnRNA 45, 48, 49, 58
– miRNA (mikro RNA) 48
– mRNA 20, 21, 45, 48, 51, 59
– RNA-Arten 48
– rRNA (ribosomale RNA) 17, 20, 46, 48, 59
– scRNA (small cytoplasmic RNA) 48, 59
– snRNA (small nuclear RNA) 48, 50, 59
– Struktur 47
– tRNA (transfer RNA) 48, 51, 59
RNA-Polymerase 49
RNA-Polymerase I 17
Robertson-Translokation 57, 61
rRNA 17, 20, 46, 48, 59
Ruhestadium 30
Ruptur 40

S
Sandalenlücke 55
sarkoplasmatisches Retikulum 23
Scheinfüßchen 14
Schleife 53
Schlussleistenkomplex 8
Schwesterchromatiden 38
scRNA (small cytoplasmic RNA) 21, 48, 59
sDNA 50
semikonservativ 49, 58
sER (glattes ER) 20, 22, 27
Sexchromatin 16
Signalpeptid 21, 23
Signalpeptidase 19, 23
Signal Recognition Particle 21
Signalsequenz 22
Signalzucker 23
Singulette 11, 12
Sklerodermie 17
small cytoplasmic RNA 21
small nucleolar RNA 17
snoRNA (small nucleolar RNA) 17, 48
snRNA (small nuclear RNA) 48, 50
Solenoid 52, 53
Speichenprotein 13
Spektrin 14
Spermatiden 36
Spermatogenese 36
Spermatozyt 36
– 1. Ordnung 36
– 2. Ordnung 36
Spermiogenese 36
Spermium 25, 35, 37
Sphärozytose 14
S-Phase 30, 31, 33, 35, 41
Spindelapparat 30, 34, 54
Spindelfasern 53
Spleißen 46, 48, 50, 58
Spleißosom 50

Index

SRP 21
SRP-Rezeptor 21
SRP (Signal Recognition Particle) 21, 59
Stammzelle 39
Startcodon 47, 51
Stereozilien 11
Stoppcodon 47, 51, 58
9 · 2 + 2-Struktur 13
9 · 3 + 0-Struktur 13
submetazentrisch 53
Sulfatierung 23, 51, 58
Synzytium 34

T
Teilungsebene 33, 42
Telolysosom 25
Telomer 53
Telophase 33, 62
Terminatorregion 49
Tertiärfollikel 63
Tetradenstadium 36
Thrombozyt
– Zytoskelett 15
Thymin 46, 47, 49, 58
Tight Junction 5, 28
Tigroid 21
TIM 19
TNF-Alpha 40
TNF-Rezeptor 40
Tochterzelle 33, 34, 41
Todesrezeptor 40
TOM 19
Tonofilament 9, 11
Toxin 39
trans Golgi-Zisterne 1
Transkription 45, 49, 59
Transkriptionsfaktor 49
Translation 45, 51, 58
Translocon 21
Translokation 57, 61
– nichtreziproke 57
– reziproke 57
– Robertson-Translokation 57
transporter inner membrane (TIM) 19
transporter outer membrane (TOM) 19
Transporterprotein 19
Transport, parazellulärer 5

Transportprotein 4
Transzytose 24
Triplett 47
Triplette 12, 13
Triple-X-Syndrom 55, 56
Trisomie 55
– autosomale 55
– autosomale Trisomie 55
– gonosomale Trisomie 55
Trisomie 21 55
tRNA (transfer RNA) 48, 51, 59
Tubulin 11, 26
– Alpha- und Betatubulin 11
Tubulus-Typ 18
Tumordiagnose 11
Tumornekrosefaktor Alpha 40
Tumorsuppressorgen 31
Turner-Syndrom 56
T-Zelle, zytotoxische 40

U
Ubiquitin 18, 26
Ullrich-Turner-Syndrom 55, 56
Umwelteinflüsse 39
uncoating 24
unpolar 2
40S-Untereinheit 20
60S-Untereinheit 20
Uracil 47, 49, 58
UV-Strahlen 25

V
Van-der-Waals-Kräfte 3
Verbrecherchromosom 55
Vesikel 3, 23
Vierfingerfurche 55
Villin 10
Vimentin 11
Vinblastin 13
Vincristin 13
Vinculin 6

W
Wachstumsphase 30
Wasserstoffbrückenbindung 2, 46
Wasserstoffperoxid (H_2O_2) 25

Index

X
X-Chromosom 38, 52, 56
Xist-Gen 56
XYY-Syndrom 55, 56

Y
Y-Chromosom 38, 52, 55

Z
Zellbewegung, amöboide 13
Zelle 1
– Aufbau 1
– epitheliale 6
– Kompartimente 1
Zellfusion 34
Zellkern 1, 16, 26
– funktionelle Zellkernschwellung 16
Zellkerndurchschnürung 34
Zellkultur 34
Zell-Matrix-Kontakt 8
Zellmembran 1, 2, 27
– Aufbau 2
– Aufgaben 2
Zellorganellen 18, 26
Zellpol 5
– apikaler 5
– basolateraler 5
Zellpolarität 5
Zellteilung 30, 39, 41, 45
Zellteilung, differenzielle 39
Zelltod 39, 41
Zellvermehrung 30
Zell-Zell-Kontakt 5, 7, 8, 26, 27, 28
Zellzyklus 30, 32, 41, 48
– Regulation 32
Zentriole 10, 13, 37
zentrische Fusion 57
Zentromer 52, 53
Zentrum, fibrilläres 17
Zilien 13
Zistern 23
Zona pellucida 25
Zonula
– adhaerens 1, 5, 6, 7, 28
– occludens (Tight Junction) 1, 4, 5, 8, 26, 27, 28
Zucker 1, 4
Zuckerbaum 23
Zuckerbäumchen 3
Zuckermantel 4
Zyankali 19
Zygotän 35
Zygote 35
Zytokeratin 9, 11
Zytokeratinmuster 11
Zytokinese 33, 42
Zytoplasma 17, 20, 26
Zytoskelett 9, 10, 26, 27, 28
– Komponente 10
– Verteilungsmuster 9
Zytostatikum 30

PHYSIKUMSERGEBNISSE SCHON AM PRÜFUNGSTAG

EXAMENS-ERGEBNISSE

MEDI-LEARN®

Feedback

Deine Meinung ist gefragt!

Es ist erstaunlich, was das menschliche Gehirn an Informationen erfassen kann. Slbest wnen kilene Fleher in eenim Txet entlheatn snid, so knnsat du die eigneltchie lofnrmotian deoncnh vershteen – so wie in dsieem Text heir.

Wir heabn die Srkitpe mecrfhah sehr sogrtfältg güpreft, aber vilcheliet hat auch uesnr Girehn – so wie deenis grdaee – unbeswust Fheler übresehne. Um in der Zuuknft noch bsseer zu wrdeen, bttein wir dich dhear um deine Mtiilhfe.

Sag uns, was dir aufgefallen ist, ob wir Stolpersteine übersehen haben oder ggf. Formulierungen verbessern sollten. Darüber hinaus freuen wir uns natürlich auch über positive Rückmeldungen aus der Leserschaft.

Deine Mithilfe ist für uns sehr wertvoll und wir möchten dein Engagement belohnen: Unter allen Rückmeldungen verlosen wir einmal im Semester Fachbücher im Wert von 250 Euro. Die Gewinner werden auf der Webseite von MEDI-LEARN unter www.medi-learn.de bekannt gegeben.

Schick deine Rückmeldung einfach per E-Mail an support@medi-learn.de oder trag sie im Internet in ein spezielles Formular für Rückmeldungen ein, das du unter der folgenden Adresse findest:

www.medi-learn.de/rueckmeldungen